Mis
Hombres
Después del divorcio

Elena Moss

Mis hombres después del divorcio
Derechos Reservados

ISBN 978-1-943255-89-4

Copyright © 2025 Elena Moss

RESERVADOS TODOS LOS DERECHOS DE AUTOR

PROHIBIDA LA REPRODUCCIÓN TOTAL O PARCIAL POR CUALQUIER MECANISMO O PROCEDIMIENTO, SIN PREVIA AUTORIZACIÓN ESCRITA DEL AUTOR.

Dedicado a

Mis hijos y mi hermano

AGRADECIMIENTOS

Gracias porque estoy viva, gracias porque estoy sana y gracias porque toda mi familia está unida y en armonía, porque tenemos abundancia de lo bueno y prosperidad en reproducción.

Un especial agradecimiento a Soila Centeno de Baglivio, mi profe, amiga, asesora y editora por su inspiración, paciencia y exquisito trabajo que ha realizado en esta publicación.

Gracias a mi familia, mi esposo, mis hijos, mi hermano y toda la tribu que me acompaña y me sostiene.

Gracias a Andrés Varela que me lleva de la mano para que este libro se expanda por todo el mundo.

Y gracias a todos Uds que me leen por la oportunidad de compartir.

Índice

Introducción 7
Capítulo 1.- La traición 9
Capítulo 2.- La hija de la amante 12
Capítulo 3.- Mi hermanito 18
Capítulo 4.- El desastre 25
Capítulo 5.- El padre de mis hijos 30
Capítulo 6.- El casado mentiroso 36
Capítulo 7.- El español 45
Capítulo 8.- Dios 54
Capítulo 9.- Mis hombrecitos 58
Capítulo 10.- El amigo de la infancia 62
Capítulo 11.- Una nueva mujer con el mismo yo 68
Capítulo 12.- Divorciada en un mundo de hombres 71
Capítulo 13.- La tentación 74
Capítulo 14.- Autodescubrimiento 82
Capítulo 15.- El vendedor de humos 87
Capítulo 16.- De nuevo sola 94
Capítulo 17.- Mi libertad de decisión 98
Capítulo 18.- El mensajero 100
Capítulo 19.- El pacto 108
Capítulo 20.- Lo más peligroso en mi vida fue la relación con mi madre 116

Capítulo 21.- La migración 120

Capítulo 22.- Mi segundo esposo 128

Capítulo 23.- El matrimonio 150

Introducción

"La vida no es la que uno vivió, sino la que uno recuerda y cómo la recuerda para contarla".
(Gabriel García Márquez)

Alguien que no recuerdo su nombre, me dijo una vez que la mejor manera de entender lo que uno tiene dentro del alma y dentro de sus pensamientos era escribir, que el subconsciente habla a través de las letras, de esta manera empecé a escribir para mí misma. No tenía la intención de publicar mi historia, sin embargo, durante los 5 años que duró este proceso y me fui leyendo a mí misma, aprendí que aquello que llaman "sanar", se trata de "comprender"; y para "comprender", tenemos que mirar la realidad como una película desde la perspectiva de cada uno de los protagonistas.

Decidí publicar mi historia, para poder ayudar a otras personas que han vivido o están viviendo la experiencia de un divorcio o de una separación, más aún si existen hijos de por medio.

Este libro no es una historia rosa y tampoco es un libro de consejos de superación personal, es la historia de una mujer que al divorciarse quedó con dos hijos pequeños, deudas impagables, que no tuvo para comer, pero que a pesar de todo siguió avanzando. Es la historia de una niña rota, con una madre sin madre y un padre que la traicionó. Es la historia de los hombres que pasaron por su vida después del divorcio y de los hombres que la mantuvieron a flote.

Es la historia de una mujer que al llegar a los 60 años empezó de nuevo con la esperanza de que todo lo aprendido sea el capital para construir sus más grandes sueños y para que en lo posible sea lo mismo para ustedes queridos lectores.

Elena Hurtado Domínguez / Elena Moss

Capítulo 1
"La traición"
La traición más profunda y dañina es la de un padre a su hija

"No puedo pensar en ninguna necesidad en la infancia tan fuerte como la necesidad de la protección de un padre".
(Sigmund Freud)

Mi madre salió corriendo angustiada diciendo que mi padre estaba en emergencias, le habían disparado siete veces en su cuerpo y estaba en el hospital, me quedé con mi Nana, ella era una suerte de madre para mi madre y una abuela para mí; era una tía lejana de mamá, pero necesitaba trabajar, ella tenía 60 años cuando llegó a mi vida mientras me encontraba en el vientre de mi madre.

Ese día, me quedé asustada porque mi padre podría morir, yo era su niña mimada, la única hija y mi padre lo era todo para mí; esperamos que mamá volviera para asegurar las noticias de que mi padre estaba con vida.

Mi madre, una mujer fuerte trabajadora, de ocupación enfermera, hacía doble turno en su trabajo, la recuerdo siempre trabajando y yo me recuerdo siempre rebelde con ella. El mayor tiempo me encontraba con mi Mamá Yeya era el nombre de cariño de mi Nana.

Cuando le dispararon a mi padre yo tenía siete años, veía a mi madre asustada, preocupada y me imagino que yo hacía muchas preguntas.

Mamá Yeya, ese mismo día me sentó y me dijo:

- Mi hija, usted ya es grande y debe saber la verdad, es mejor que yo se lo diga para que esté preparada. Su padre tiene otra familia y ha sido su mujer la que le disparó, su padre tiene otros cuatro hijos, dos mujeres y dos hombres.

Recuerdo muy bien lo que sentí, literalmente todo mi mundo desapareció, todo lo que hasta ese momento era mi territorio y donde yo era la princesa, desapareció. Mi padre tenía otras hijas, yo no era la única, tenía otra familia y otra mujer.

- ¿Entonces? ¿Yo qué era?

De niña yo era la líder en todo y protectora de mis primos, pero a pesar de tener una niñez normal y feliz, debo confesar, que no recuerdo un día, en que yo me sienta cómoda en este mundo, específicamente en "mi mundo", inclusive hasta ahora, no termino de acomodarme en este mundo.

Mi madre alquilaba en una casa de mis tíos, era un gran terreno dividido con una casa. Antes de eso, estuvimos cambiando de casa varias veces, ahora entiendo la sensación de desamparo y soledad de mi madre que inevitablemente me transmitió en el transcurso de esta etapa de nuestras vidas.

Además de sentirme perdida, mareada, asustada, me sentía traicionada, una traición que inevitablemente marcó mi vida, se había roto mi corazón y yo no lo sabía.

Traición, desamparo, rechazo, soledad, abandono, miedo; un cóctel de emociones peligrosas para una niña de siete años, que se tradujeron en enojo y frustración constante, manifestándose en rebeldía y en un absoluto rechazo a cualquier orden o disciplina que mi madre me quería imponer, y mucho menos a los de mi padre.

¡Yo no entendía!, solo preguntaba:

- ¡Entonces! ¿yo quién era? ¿la hija de quién? - creo que fue aquí donde me perdí.

Prometí a mi Mamá Yeya no contarle a mamá que yo ya sabía la verdad, hasta que ellos me lo digan o me lo expliquen.

Capítulo 2

"La hija de la amante"
Mi casa no era un buen lugar para vivir

"Nadie puede apartarse de la verdad sin dañarse a sí mismo". **(Lope de Vega)**

Vivíamos alquilando un pequeño departamento que estaba dentro de una propiedad familiar, en el interior existía otro departamento y al fondo una gran casa con un taller mecánico que era de mi tío, la vida era en familia, me sentía protegida por mis tíos, acompañada por mis primos y amada por mi nana.

En casa habitábamos mi madre, mi nana y yo, y mi padre que viajaba mucho, lo veía de vez en cuando, aunque, él llamaba constantemente; obviamente esos viajes no eran reales, él vivía en realidad en otra casa con su otra familia.

Me consideraba la niña rica del barrio, nunca faltó nada, es más, siempre tuve abundancia, tuvimos el primer televisor del barrio y yo tuve la primera bicicleta entre mis amigos. Los regalos en navidad llegaban a montones, cajas inmensas de todo tipo de cosas, ahí llegó Jaqueline, mi muñeca, mi padre siempre lograba sorprenderme, me llenaba de regalos…siempre.

Era un barrio típico de pueblo chico, los vecinos eran como familia, entre todos cuidaban a los niños del barrio; la calle era nuestro patio común, los ojos de control estaban en todos los lugares, nos sentíamos en un lugar seguro. Acostumbraba refugiarme en casa de mis tíos, de mis vecinos y en especial de una vecina que siempre estaba pendiente de mí y de mi hermanito, corríamos a ella cuando algo pasaba.

Disfrutaba ser amiguera, parlanchina, inquieta y líder. En el barrio éramos dos mujercitas de la misma edad, el resto del grupo eran muchachos que seguían nuestras órdenes. Nosotras éramos las que teníamos la dirección de los juegos y de las travesuras. Me decían "la capitana", porque además de ser líder, era la más grande y la que tenía habilidades para pelear.

Cuando la esposa de mi padre realizó los disparos contra su integridad, él tenía cuarenta años, fueron momentos difíciles que lo llevaron a internarse durante tres meses en el hospital. Mi padre era un hombre muy carismático, guapo, con una gran agudeza mental, líder nato, de muy buen humor y de muy buen carácter, su equilibrio era estable hasta que empezaba a beber. Era hijo de una mujer trabajadora, hasta los siete años fue criado en el campo por mi abuelito, su madre lo abandonó cuando él tenía apenas dos años, mi abuela paterna quedó embarazada de un campesino cuando se encontraba realizando su año de provincia en su carrera profesional de enfermera, desconozco las razones por las cuales entregó a su hijo al cuidado de su padre (mi abuelo paterno).

Mi papá siempre decía que, si no hubiera sido porque su madre fue a recogerlo, él sería un campesino ignorante.

El agradecimiento que él sentía hacia mi abuela, que la conocí cuando tenía 15 años, era latente; ella ejercía un gran poder sobre mi padre, un poder que exageraba en la manipulación, control y sometimiento. Mi abuela paterna era un reflejo de niña pobre con complejo de riqueza, racista, segregadora y clasista. Ella jamás me aceptó porque yo era la hija de la amante y además mi piel era morena, tenía la misma piel morena de mi madre. Mi padre era de tez blanca y rubio, ya pueden imaginarse el drama de mi abuela al enterarse que su hijo "el niño bonito y rubio", tenía de amante a una mujer morena y que fruto de esa relación tenía una hija que también nació morena.

Para mi abuela nosotras éramos "las sin clase", directamente no existíamos, hasta que papá se quedó sin trabajo, perdió todo su dinero, como resultado su otra familia no quería saber nada de él y en consecuencia tuvo que ser acogido por mi madre, la ironía de la vida fue que ella terminó manteniendo a mi padre junto con su madre "mi abuela paterna".

Mi madre me exigía que yo llamara "abuela" a la madre de mi padre, y yo le respondía:

- No tengo porque llamar abuela a alguien que no conozco, y que no nos quiere, yo no soy servil. - Recuerdo muy bien mis frases célebres con las que peleaba mi dignidad y mi integridad.

Mi abuela tuvo únicamente dos hijos, el menor murió joven, por esta razón mi padre se sentía con la responsabilidad de cuidarla, si hay algo que tengo que reconocer es que mi padre fue un buen hijo. Como mi padre era quien la cuidaba, mi abuela no tuvo otra alternativa que aceptarnos y acercarse a nosotras; con el tiempo pude llamarla "abuela", pero jamás pude sentir ese sentimiento que los nietos construyen con sus abuelos, no lo sentí ni con mi abuela materna ni tampoco con mi abuela paterna.

El tiempo transcurrido entre mis siete y doce años ha quedado en la nebulosa, solo recuerdo que de pronto mi padre se quedó a vivir más tiempo con nosotras, pasaba más noches en casa y los fines de semana se sentaba solo en el living, a tomar alcohol y ahí se quedaba hasta el siguiente día, sacando todas sus amarguras y frustraciones, embriagándose hasta quedar inconsciente, mi padre inevitablemente era alcohólico. Yo solo observaba y mi enojo crecía y mi rebeldía también, sobre todo hacia mi madre, para mí, ella era responsable de permitir esta desagradable situación.

Ahora entiendo por qué sentía que la familiaridad creada en el barrio por mis amigos y mis tíos me brindaban protección, "mi casa no era un buen lugar para vivir".

Mi madre, una mujer sabia, me inscribía a todos los cursos que ella podía pagar, desde ballet, pasando por dactilografía e inglés hasta Yoga. Tuve la bendición de que mi madre al ser una profesional enfermera empírica se rodeaba de profesionales que supieron guiarla en cómo tratar la rebeldía de su hija, pero lo más importante es que ella supo escuchar los consejos de los otros. Mi rebeldía no era en aras de la desobediencia, más bien era en favor de reclamos argumentados con respaldo de valores y principios morales y sociales.

Siempre tuve claro lo que no quería y lo que no aceptaba en mi vida, también tenía claridad acerca de la vida que llevaba, mi realidad familiar era una de ellas. Mis reclamos eran constantes, jamás me quedé callada, jamás acepté ser la hija de la amante, jamás me consideré ser una bastarda.

Yo tenía consciencia que era la hija de "la otra mujer", este pensamiento me hacía sentir sin lugar, sin pertenencia.

Tuve muchas situaciones incómodas en mi vida, una de ellas se ocasionó en una reunión familiar, aquel día una de estas tías lejanas hizo un comentario sobre mi carácter y sobre mi rebeldía.

- Seguro que "ésta", será una putita.

Yo me levanté furiosa y le respondí:

- No todas tenemos que ser como usted "Tía".

Se lo dije delante de todos y en voz alta.

Este tipo de respuestas, y situaciones eran cotidianas en el transcurso de mi vida. Siempre me encontraba a la defensiva, porque estaba en medio de una guerra, y como buena guerrera en plena batalla debía estar en permanente alerta.

En todo ese caos, estaba Mamá Yeya, "mi nana", mi refugio, mi soporte; no recuerdo un solo día que no hubiera estado con ella, incluso cuando salía para ir a visitar a sus parientes, yo me iba con ella. Ella jamás me dejó sola, fue el ángel que vino a proteger mi mente, a calmar mi alma y a cuidarme. Ella llegó a casa cuando yo me encontraba con seis meses de gestación en el vientre de mi madre, ella llegó para ayudar a mi madre a cuidarme mientras era bebé, en razón a que mi mamá vivía sola. Mamá Yeya se convirtió en la madre de mi madre y para mí fue mi segunda madre, la consideraba un ángel enviado por Dios para cuidarme y ayudarme.

Ser la hija de la amante, es una situación que te descoloca, porque no tienes lugar en ningún sistema familiar.

Mi madre era arrimada a sus primos hermanos, porque fue abandonada por su madre, y su padre la dejó al cuidado de su abuela junto a sus otros hermanos.

Mi carácter indomable nunca aceptó ser la hija de "la otra", siempre le dije a mi mamá que esa situación no estaba bien, le dije que debería reconocer que ella actuó mal y dejar de justificar que se involucró con mi padre por amor. El amor no destruye familias ni personas, yo me sentía destruida cuando razonaba en la historia de mis padres.

Capítulo 3

"Mi hermanito"

El despertar de mi instinto de protección

"La mejor protección que puede tener cualquier mujer ... es el coraje".
(Elizabeth Cady Stanton)

Al salir del hospital, de manera sorpresiva ante la incredulidad de todos, mi papá volvió a su otra casa. Su esposa al enterarse de que tenía una amante le disparó siete veces, cinco de esas balas impactaron en su cuerpo y a pesar de las heridas, mi padre no murió, y volvió con la que en ese entonces era la esposa, ¿por qué lo hizo?, no lo sé, la verdad no lo sé, tampoco conozco los detalles detrás de las decisiones.

Cuando todo esto estaba ocurriendo yo tenía siete años, y sin duda entre mis siente y diez años, todo seguía igual porque cuando yo tenía 10 años, nació mi hermanito.

Durante ese tiempo Papá, pasaba más tiempo en casa, hasta que finalmente al nacer mi hermanito, se instaló del todo con nosotras.

¿Recuerdan que mi nana Mamá Yeya me dijo que yo no le contara a mi madre que ella me había dicho la realidad de la situación?, efectivamente, guardé esa información junto con mi frustración, dolor e impotencia hasta mis 12 años.

Seguía avanzando con mi vida, sin embargo, los acontecimientos se fueron alterando con la presencia de mi padre cuando él ya habitaba en casa junto a nosotras, sus frustraciones salían a flote cada viernes cuando él se embriagaba; no entendiendo la devoción, entrega y sometimiento de mi madre hacia mi padre, ni siquiera dependía económicamente de él. Mi enojo crecía y prefería estar fuera de casa todo el tiempo; llegaba del colegio, almorzaba y salía a casa de una de mis mejores amigas de colegio, ahí pasaba todas las tardes inclusive los fines de semana; ella tenía una familia normal, con cuatro hermanos, un hogar con vida amorosa y en paz. Volvía a mi casa en la noche, comía algo y volvía a salir a la casa de mis vecinos, quienes me trataban como hija. En esta etapa de mi vida sentía la mano de Dios en cada segundo de mi vida rodeándome de amor, protección y guía.

Mi padre, con el tiempo se fue tornando más violento, uno de esos fines de semana, la agredió a mi madre, mientras pretendía pegarle, mi Mamá Yeya y yo fuimos a defenderla y también agredió a mi nana, yo tomé un cuchillo y lo amenacé, logré expulsarlo de la casa, realmente sentí el profundo deseo de matar a mi padre.

Tenía doce años cuando logré expulsar a mi padre afuera de mi casa entre gritos y a empujones, mis tíos salieron en mi ayuda y por supuesto los vecinos también. Tenía tanto enojo que confronté a mi madre, le dije que ya sabía que ella era la amante de mi padre, que no aceptaba ser la hija de la amante, que no era posible que ella acepte esa situación mucho más teniendo dos hijos.

Estaba sumergida en el enojo y en la frustración, lloré toda la noche, me sentía la más desgraciada del mundo, desamparada, sola, perdida, con miedo, pero más que el miedo tenía mucho enojo. Estaba destrozada por dentro, solo quería salir a buscar a mi padre y matarlo. Recuerdo muy bien esa noche, era tan grande mi dolor, que de pronto estando yo con los ojos cerrados, llorando, aparece ante mí una figura "era el rostro de Jesús", fue como apagar el fuego en mi corazón, sentí su abrazo, sentí su calor, y algo pasó dentro de mí en ese momento, fue inundarme de una paz indescriptible que me ayudó a calmar la respiración y a repetirme:

- No estoy sola, Dios está conmigo, yo solo debo seguir y cuidar a mi hermanito.

Al siguiente día, tenía que ir al colegio, mis ojos estaban hinchados de llorar, necesitaba disimular para que no se note, fue la primera vez que me puse algo de maquillaje, se atenuaron un poco y me di cuenta de que podía volverme experta en camuflaje. Siempre he sido feliz, a pesar de todo, nunca he permitido que las circunstancias apaguen mi luz y pierda el norte de mis propósitos.

Decidí armar un plan, debería aguantar mi situación hasta crecer y luego poder independizarme, por ahora no era el momento. Me adapté a mi realidad manteniendo distancia emocional de mis padres, sin embargo, el enojo seguía creciendo y en consecuencia la rebeldía también.

Mi Mamá Yeya siempre me decía:

- Usted mi hija es más grande que esto, esto es temporal, ya crecerás y podrás hacer tu vida, que esto no te afecte.

El que mi padre adoptara el hábito de tomar alcohol cada viernes, ya era una recurrencia. Sin duda mis tíos eran más conscientes de lo que yo estaba pasando, ellos estaban siempre atentos conmigo para apoyarme. En uno de sus episodios de amargura de viernes, en que mi padre con exceso de bebidas alcohólicas nuevamente se puso violento, yo volví a reaccionar y enfrentarlo, esta vez ya me encontraba preparada, inmediatamente mis tíos llegaron y lo calmaron.

Esperé al siguiente día y le dije a mi padre que a partir de ese momento yo le quitaba toda autoridad y derecho de ser mi padre, no tenía el más mínimo derecho de dirigirme la palabra, y tampoco tenía derecho de gritar o ejercer violencia en la casa. Mi madre defendió a mi papá y también dirigí mis amenazas en contra de ella, le dije que si seguía permitiendo esta situación ella también dejaría de ser mi madre, que yo tomaría mis propias decisiones para hacer mi vida, que por ley tiene la obligación de brindarme techo, de brindarme alimento, educación y salud pero que no tenía derecho de destruir mi vida. Le dije también que si ellos querían destruirse entre ellos que lo hagan pero que a mí y a mi hermanito no nos tocan, era mi intención mantenernos lejos de su realidad, mi hermanito era mi prioridad.

Sentía en mi corazón que ella como madre debía proteger a sus hijos, este pensamiento lo ratifico ahora que soy madre, no tengo ninguna duda; la madre debe proteger a los hijos de un padre violento, alcohólico, perdido y mediocre. Cuando una madre apoya al padre violento o lo permite, está creando heridas de abandono, rechazo, de traición en el corazón del niño, es una sensación de absoluta desprotección, exactamente como yo me he sentido gran parte de mi vida.

A mis 15 años, yo era una adolescente muy consciente de mi realidad y sobre todo tenía una fortaleza espiritual inmensa, además tenía la responsabilidad y autoridad de cuidarme y cuidar a mi hermanito. Ahora miro a esa niña tan fuerte y con las cosas tan claras que solo la puedo abrazar y agradecer, decirle que todo está bien, que esto la hace fuerte, y que logrará todo, pero absolutamente todo lo que se proponga.

No sabía que mi capacidad de resiliencia estaba siendo entrenada, no sabía la fortaleza de espíritu que tenía dentro, Dios nos manda a este mundo equipados con todo lo que necesitamos para cumplir nuestro propósito.

Así me gané a mi peor enemiga, mi madre, de quien me he tenido que defender y cuidar hasta casi mis 50 años. Mi madre fue quizás el más grande reto que tuve que superar, con la bendición de Dios, he logrado superar el reto, pero esa es otra historia y otro libro.

Entonces…estaba en guerra, alerta, consciente que a pesar de las condiciones, mi historia debería ser otra, sin entenderlo racionalmente, pero sí de manera instintiva, me adapté, me elevé y a pesar de convivir a diario con ellos, mi vida tenía que seguir y sobre todo tenía que seguir la vida de mi hermanito, libre de los traumas que yo tenía acumulados, él tenía que salir sano de todo eso.

Teníamos a ella, Mamá Yeya, ella representaba la mano de Dios en nuestras vidas, hablándome al oído, programando mi cerebro y calmando mi alma.

A pesar de haberme adaptado a una situación y realidad que no aceptaba, entramos a una cotidianidad de tensa calma donde yo trataba de estar presente lo menos posible.

Mi madre insistía en que yo aprenda a cocinar, que sea una mujer típicamente tradicional, solo porque ella así lo quería, yo obviamente rechazaba su deseo. En algunos momentos inevitablemente entraba a la cocina, y ahí estaba mi ángel hermoso, mi nana que me decía:

- No mi hija, usted no es para la cocina, usted tiene que estudiar, estudie muchas cosas, y pague para que le sirvan. Usted no es para esto, usted puede más, la cocina no es su sitio, vaya a estudiar, gane dinero, gane su libertad.

Tomé como modelo de padre a los padres de dos amigas mías, Luly y Patty, mis mejores amigas del colegio. Yo escuchaba lo que sus padres les decían a ellas y lo que les prohibían y sin que ellas lo sepan, yo lo aplicaba en mi vida. Mis tres tíos también fueron mis otros modelos de padres. Era mi vida y yo podía elegir a quien observar y tomar como ejemplo.

Estudié en un colegio de monjas, sé que también sus enseñanzas han sido la base de mis estructuras morales y principios de vida. Mi colegio, mis compañeras eran también mi familia, siempre sentí a Dios cerca de mí y dentro de mí, siempre lo amé, aunque no entendía el concepto de la divinidad. Otros ángeles han sido mis tíos que asistían a una iglesia bautista, eran misioneros que me amaron como a su propia hija, y sé que en sus oraciones me han protegido y me siguen protegiendo.

Mientras en el colegio, el sistema católico me daba una versión de vida, mis tíos evangélicos me daban otra y en mis clases de yoga también me contaban otra historia. Como todos tenía una versión diferente, entonces decidí tener mi propia versión, que no cuadraba con ninguna, esta situación de conflicto de creencias fue la razón que me llevó a investigar por qué cada creencia sostenía que su verdad era la única verdad absoluta, fue en este momento que dio inicio mi pasión por la investigación, la lectura, y la lógica.

Me refugié en Dios, y en mi hermanito, me sostuve en las familias de mis amigas, en mi Mamá Yeya y en mis tíos, ellos fueron la gran estructura de soporte para no perderme en esa vida que tenía, pero sobre todo en el inmenso dolor que habitaba dentro en mí.

Capítulo 4

"El desastre"
Entre el odio y la muerte

"Un corazón frío es mi mecanismo de protección. Realmente no siento nada por nadie". **(Emmanuel Jal)**

Mis 15 años fueron un desastre, yo estaba gorda, veo mis fotos y me doy lástima. Gorda, fea, triste y perdida, el stress en mi casa ya había pasado factura, pesaba 80 kilos. Mi madre organizó una fiesta con los amigos de mi barrio, mis compañeras de colegio y mi familia; estrené un vestido sencillo muy lejos de los vestidos largos y pomposos que estaban de moda, lo que sí fue un destaque era mi torta, fue muy bonita y fue en el patio de la casa de mi tío, no fue en un lugar para eventos, fue una simple fiesta de barrio en el patio de una casa, sin lujos, ni decoraciones, solo con sus sillas. Tengo recuerdos borrosos de esa noche, memorias de mis amigos y de algunas anécdotas en particular de la fiesta.

El acontecimiento tormentoso que sí recuerdo es la borrachera de mi padre cuando mis amigos empezaron a irse, algo pasó que mi padre empezó a gritarle a mi madre hasta hacer su escándalo. Recuerdo que mis tíos nuevamente tuvieron que sacarlo a empujones.

- ¿Cuál era su enojo?

Era el hecho que mi madre realizó la fiesta para mí y que él no tuvo la capacidad de poner dinero. A esta altura de la historia, papá ya estaba viviendo en casa y entre otras cosas se había quedado sin trabajo y sin dinero. Imaginen esa película y el nivel de frustración de mi padre.

El desenlace del tiroteo que les conté es que finalmente mi padre se divorcia, se viene a vivir a casa, pero totalmente quebrado y con el rechazo de sus otros cuatro hijos y además con la responsabilidad de tener que mantener a su madre.

- ¿Quién se hizo cargo de todo?

Mi madre, ella se hizo cargo de todo con su pequeño sueldo de enfermera mantenía a dos hijos, mantenía al marido alcohólico y también a la madre del alcohólico, quien no tuvo otra alternativa que aceptar a la amante y la hija de la amante, porque ella junto a su hijo estaban quebrados. La quiebra era tan notoria, que mi padre le pedía dinero a mi madre para comprar sus cigarros y alcohol. Yo era espectadora de esta escena junto a mi hermanito, a quien trataba de crearle una vida lo más bonita posible.

Y así transcurrió mi infancia y mi adolescencia, hasta que salí bachiller, igual era feliz por decisión, era buena en camuflaje, era una buena sobreviviente.

Perdida, sin saber qué hacer, qué estudiar, sostenida en mi carácter y voluntad, ya era bachiller pero sin futuro.

Decidí seguir a mis compañeras de colegio para estudiar una rama de la medicina que abandoné en el primer año.

Dentro de mi corazón ardía el deseo de irme, lejos muy lejos, lejos de mi realidad y lejos de esas experiencias donde nunca me había podido acomodar, pero lastimosamente no tenía las condiciones para ser independiente.

Mi mente y mi alma eran demasiado libres para venderme a alguien por dinero, ya sea casada o mantenida como acompañante, por decirlo bonito.

Tenía claro, que yo tenía que salir de mi casa por la puerta grande. Hasta ese momento, la relación con mi madre se hacía cada día más toxica y dañina, hacía mucho tiempo que ella había perdido toda la fe en mí, por tanto, yo era un problema que no sabía cómo resolver. Mi padre andaba perdido en sus frustraciones, descargado de energía y tampoco le importaba encontrar soluciones. Lo bueno es que la violencia se calmó, mi hermanito pudo crecer en un ambiente más o menos estable. Mi padre con una depresión que lo sumergía a diario, sufrió las consecuencias, finalmente la vida le pasó una cruel factura, su cuerpo enfermó de cáncer y murió a los seis meses de recibir el diagnóstico de este mal. Definitivamente la depresión condujo a mi padre por el camino de la enfermedad y de la muerte.

Escribiendo esta historia, puedo mirar esta realidad desde otra perspectiva y me duele el corazón al pensar en él, mi padre murió sin saber qué le paso en la vida. Tenía tanto rencor hacia su madre y a la vez tanta devoción. Amaba a sus hijos, pero ninguno de los cuatro hijos de su otra casa, querían saber algo de él y yo tampoco, lo que más le frustraba era que después de ser uno de los hombres más ricos de mi pueblo, estaba totalmente quebrado. No sé si se quedó con mi madre por necesidad, o quizás realmente la amaba.

Lo que sí tengo claro, es que mi madre le tenía devoción. Todo era primero él, desde servirle la comida, recuerdo que siempre nos servía después de mi padre, aunque nunca nos faltó nada, para mí estaba claro que solo se podía comer, luego de que papá ya hubiera comido.

Mi madre, al igual que mi padre, fue una niña abandonada por su madre a los dos años de edad y criada por su padre, que ya llevaba cuatro matrimonios; fue criada con su abuela y sus medias hermanas, con quienes construyeron un amor real, del bueno, se cobijaron y se protegieron entre ellas. La sombra del abandono y el desamparo también habitaban en el corazón de mi madre.

Me volví una guerrera, siempre a la defensiva, con una madre entre el amor y el odio, ella no sabía qué hacer conmigo. Finalmente acepté que mi madre no me quería y decidí seguir avanzando, con un padre que poco a poco se fue apagando entre la frustración, la amargura y un cáncer pulmonar, él murió cuando yo tenía veintiún años y mi hermanito tenía once años. Cuando mi padre murió, debo confesar que no sentí nada, no recuerdo sentir dolor o algún sentimiento de compasión, mi odio era muy grande, mi corazón estaba tan blindado, que la indiferencia y la insensibilidad eran normales para mí.

Ese día me encontraba trabajando, mi madre me avisó en la mañana, yo llegué a la casa en la noche, tenía muchas cosas que hacer. En mi vida, mi padre había muerto hace muchos años atrás.

Cuando entré a la adolescencia, mi corazón ya estaba roto, y me transformé en una vieja luchadora, empecé a tener mis enamorados de adolescencia, siempre protegida por mi Mamá Yeya que me decía:

- Mi hija, no se enamore del primero, conozca a varias personas, y no se entregue, cuide eso que lleva entre las piernas, es su mayor tesoro, usted vale, usted se merece lo mejor.

Ella estaba siempre atenta, haciéndose amiga de todos mis amigos, nunca tuve un enamorado que durara más de dos o tres meses, aunque a los quince años tuve ese amor bonito que se recuerda siempre.

Capítulo 5
"El padre de mis hijos"
La derrota y el retorno

"Si aprendes de la derrota no has fracasado".
(Zig Ziglar)

Me casé a los veintiséis años, a los tres meses de conocerlo; quería formar una familia y él era una buena persona para ser un buen padre, fue amor a primera vista, quería tener a mis hijos y que ellos no nacieran fuera del matrimonio como yo.

Mi matrimonio duró doce años, se desgastó porque nos perdimos en el camino, teníamos distintas culturas, distintos valores y nuestra visión de cómo era la vida no era la misma, decidí pedir el divorcio. Para mí, la relación de un matrimonio es sagrada y luché por conservar mi relación, pero fue inevitable, no tenía condiciones. Yo seguía en guerra con el mundo, y aunque aparentemente teníamos un buen matrimonio, vivir la vida a su lado con todos los conflictos de nuestras diferencias me hacía daño cada día más, y sobre todo hacia más daño a nuestros hijos, ninguno de los dos como pareja, supimos sostener ese matrimonio, me sentía más sola y desamparada que nunca, porque además ya tenía dos niños y el estado de indefensión, desamparo e inestabilidad me estaba transformando en alguien que yo no era, mis hijos no merecían estos ejemplos, no merecían respirar lo denso de la atmósfera que se desarrollaba en ese entonces en mi casa.

Decidí divorciarme porque no encontraba otro camino; uno no se levanta un día y dice:

- ¡Ah!, es un buen día para divorciarme.

Todo es un proceso antes de tomar una decisión, a los cinco años de matrimonio le dije que nuestra relación andaba mal, le pedí que busquemos ayuda, visitamos una psicóloga una sola vez, él le pidió una receta para entenderme, obviamente no me entendía, ni yo a él, éramos demasiado distintos. Él cada vez se fue cerrando más, y yo cada vez me fui alejando lo suficiente como para no encontrar el camino de retorno. Sentía que no era yo, si de niña estaba en guerra, de esposa estaba perdida, asustada, enojada, frustrada con todo, desamparada y sobre todo "cansada".

Tenía mucha carga sobre mis hombros. Cuando nos casamos no teníamos nada, nuestra relación era un amor de verdad. Sin embargo, las diferencias en las condiciones económicas hicieron sus estragos. Yo trabajaba en mi carrera profesional y ganaba bien, el ingreso económico que él recibía era el diez por ciento de mis ingresos y siempre fue así. Al final del día yo era la proveedora de la casa, la que tomaba las decisiones. Me casé con un buen hombre, pero totalmente débil, sin hambre de crecer en la vida. Cuando estaba por casarme, recuerdo que todas las personas que me conocían me dijeron que no me case con él, pero mi madre me tenía loca con el hecho de que ya me tenía que casar, me decía que me estaba quedando vieja y por otro lado, yo estaba desesperada por salir de mi casa. Uno de sus típicos discursos era que mejor me busque un hombre que me mantenga, no importa que fuera casado, porque marido no encontraría nunca. Las palabras que salían de la boca de mi madre eran tan dañinas, lastimaban demasiado.

- ¿Por qué no me salí de casa a vivir sola si ya ganaba mi dinero?

Vivía en una sociedad tan machista y tradicional y cuidaba tanto mi reputación que no estaba loca para irme a vivir sola. El padre de mis hijos fue una respuesta a mis súplicas, el detalle es que no tuve ojos para ver otras cosas, como su visión de futuro, su fortaleza interna y su cultura, él también era un "niño roto".

Recuerdo una noche que la depresión invadió mi corazón, lloraba sin parar y sin consuelo, oré y hablé con Dios, le pedí que por favor me dé una segunda oportunidad para hacer las cosas bien, reconocí que me había equivocado al casarme, que me perdone por no escuchar la verdad que sentía en mi corazón, que me perdone por la soberbia que manifestaba cuanto tomaba mis decisiones. No merecía tanta amargura, sentía que mi alma se transportaba fuera de mi cuerpo y volví a tener una experiencia espiritual como cuando tenía catorce años, sentí en mi corazón la presencia de Jesús, vino a mí, sentí su abrazo, me calmé y quedé en paz, el mensaje era que no estaba sola.

 Hice todo a mi alcance para conservar mi matrimonio, hasta que me cansé y llegó el momento de negociar mi divorcio, me quedé con todas las deudas, los compromisos y la responsabilidad de mis hijos; yo solo quería salir de ese matrimonio. Dentro de los pactos, la asignación familiar que él podía pagar era de un valor que únicamente alcanzaba para cubrir el pago del cinco por ciento de las necesidades de nuestros hijos, decidí aceptar la transacción, con el único objetivo de separarme de mi esposo.

Mientras tanto, de forma paralela, la situación política ocasionó que muchos de mis clientes abandonen el país, en consecuencia, me quedé también sin contratos y sin ingresos económicos.

Me sentía acorralada, como si estuviera entre matorrales con espinas, por donde me moviera me lastimaba, aun así, logré avanzar, a pesar de las heridas en mi corazón seguía superando los desafíos, inevitablemente mis hijos también estaban heridos, a pesar de que sangrábamos los tres, no paré, tenía que salir de esa relación.

Mi visión simbólica en esta etapa de mi vida era la de una mujer con sus dos niños, desnudos en medio de matorrales llenos de espinas, abriendo camino a pesar de las heridas y del dolor. Esta era mi realidad, enfrentando un proceso de divorcio a mis casi cuarenta años, con dos hijos.

Divorciada, con dos hijos, el mercado en crisis, con contratos de trabajo suspendidos, me generó muchísimas deudas impagables y sin entender qué me estaba pasando. Le debía a los bancos, también a personas. El no poder pagarles me generaba un sentimiento de culpa como si fuera una gran delincuente, sentía una gran frustración, no había logrado triunfar en mi vida, me sentía derrotada.

La única opción que me quedaba era volver a la casa de mi madre, ella no tuvo otra alternativa que aceptarme de nuevo en su casa con mis dos hijos. Yo no tenía a dónde ir, había perdido mi casa, había quedado sin trabajo y sabía que, a pesar de todo, ella amaba a mis hijos, y ellos estarían seguros en casa de la abuela, aunque yo me sentía insegura.

Armé de nuevo mi oficina en el departamento de la casa de mi madre. La casa de mamá era un terreno mediano que permitía tener dos cómodos departamentos independientes y un área común que era el patio. Ella obtenía rentas para ayudarse alquilando el departamento donde yo fui a vivir, lastimosamente no tenía cómo pagarle y ella no tenía cómo negarme el "asilo" porque prácticamente, no tenía a dónde más ir, y tampoco tenía medios ni para comer.

Reconozco, honro y agradezco el apoyo de mi madre al brindarme techo y ayudarme a criar a mis hijos; para ella sus nietos eran toda su vida, sin embargo, fue una de las épocas más dolorosas, frustrantes y toxicas que me tocó vivir. Mamá no respetaba la privacidad de mi área, era su casa, aunque yo no estaba pagando mi espacio, dentro de mis valores el espacio íntimo y respetar la privacidad estaban por encima de cualquier condición. Ella entraba a cualquier hora y hacía lo que quería dentro de casa y también decía lo que quería.

El living de ese departamento lo transformé en mi oficina para seguir ofreciendo mis servicios profesionales, fue un tiempo difícil, muy difícil. No me sentía cómoda, no podía decirle nada a mi madre porque entendía que yo estaba recibiendo favores de ella; ya me había alejado emocionalmente de ella, ahora ya no encontraba sentimientos de amor hacia ella.

Hoy siento comprensión hacia ella y la entiendo, quizás ella estaba más frustrada que yo, al ver el fracaso de su hija en la vida, lo peor no era el divorcio, lo peor era que yo estaba quebrada, lo que a ella más le frustraba era mi quiebra financiera.

Existía una recurrencia entre la "quiebra financiera" y la "frustración", en la vida de mi "madre" y en la vida de mi padre.

Capítulo 6
"El casado mentiroso"
Hombre separado sigue siendo hombre casado

"La traición es la manera en la que el egoísmo se manifiesta en las relaciones humanas".
(Friedrich Nietzsche)

Por mi trabajo me desarrollo en un mundo de hombres, conozco sus halagos y sus intenciones, aquellas muestras de interés de "querer algo más", las tengo claramente catalogadas e identificadas. Entre tanto ruido y tanta gente, alguien me preguntó:

- ¿Estás bien? y no, no estaba bien.

Estaba vulnerable, carente, herida, dolida, perdida, asustada, muy enojada y sobre todo muy cansada. La persona que me hizo esa pregunta era un alguien que mostró un interés diferente en mí. Fuimos a tomar un café, fue la primera vez en muchos años que tuve una conversación con alguien que me escuchaba y además tenía respuestas, en especial me inspiraba escucharlo, era algo nuevo en mi vida tomando en cuenta que en mi matrimonio me volví experta en monólogos.

Este señor lo etiquetaremos como "el mentiroso"; tenía 42 años, separado, se desarrollaba en el mismo rubro de mi profesión, pero sobre todo teníamos las mismas inquietudes sobre la vida. Debo reconocer que me ayudó muchísimo a entender el proceso que estaba viviendo, me contuvo, me acompañó, y sobre todo me sentí amada y "tomada en cuenta". Sin embargo, por respeto a mis hijos lo mantenía fuera de mi vida cotidiana. Una de mis "Tía madre", me aconsejó cuando estaba en el proceso de divorcio:

- Mi hija, por un tiempo, que sus hijos no conozcan a ningún otro hombre, no meta ningún otro hombre a su casa, porque el daño será mucho mayor para sus hijos y se confundirán.

A pesar que la relación con mi madre era destructiva, tenía mis Tías, eran cuatro: Elsy, Carmen, Chela y Rossy, me amaban, me protegía, me mimaban y yo sentía en ellas "amor".

Con "el mentiroso", nos veíamos una o dos veces por semana, sin embargo, hablábamos todos los días, se volvió parte de mi vida y yo me volví parte de su vida, yo creo que nos enamoramos, o eso pensábamos. Nuestros encuentros eran épicos, con largas y profundas conversaciones, acompañadas de un buen vino, era una relación con muchos detalles.

Mi proceso de divorcio fue pactado y parte del pacto era que yo no exigiría más dinero del valor que el padre de mis hijos había aceptado pagar cada mes. En el mismo periodo, el sistema social y político cambió, me quedé sin clientes, con deudas, dos niños y una madre que me ponía el viento en contra, con este panorama la presencia de "el mentiroso" me significaba agua fresca en mi desierto. Este hombre había llegado a trabajar hacía algunos años a mi ciudad, lo conocía por el medio donde trabajaba y tenía referencias y confirmaciones de que sí estaba separado y que vivía solo. Pasó un año y nuestra relación se hacía más fuerte, le presenté a mis hijos y ellos sabían de la presencia de "mi amigo". Debo aclarar que aún no entraba a mi casa y que "el mentiroso" jamás me dio algún dinero. Su ayuda era más espiritual, psicológica y humana. Así como no entraba en mi casa, tampoco entraba en mi mundo social y laboral, era una relación de muy bajo perfil, solo algunos amigos y amigas conocían la historia, en estas circunstancias seguía las instrucciones de mi tía y claramente de mi instinto.

Paralelo a esta historia hay alguien que es transversal en mi vida, es decir que ha estado siempre para mí de manera incondicional y yo para él. Lo llamaremos. "el incondicional" porque ha estado desde casi el principio. Fuimos novios a los veinte años de edad, enamoramos durante dos años, teníamos planes de casarnos hasta que una mañana llega a mi casa y me dice que quería terminar la relación; en esa misma tarde se cruzó frente a mí de la mano de otra mujer.

Así me encontraba entre la traición y la mentira nuevamente, pero esta es otra historia que se las cuento más adelante. Este mi ex novio mi "incondicional", siempre me decía que no le gustaba "el mentiroso" para mí, pero yo no lo escuchaba.

No soy de relaciones a medias ni mucho menos a escondidas, sin embargo, ya pasaban año y medio de la relación con "el mentiroso", por esta razón le propuse que pongamos perspectiva a nuestra relación, y así nace la pregunta de rigor:

- ¿Hacia dónde va esto?

Él me dijo que nos casaríamos, pero que primero debe terminar de resolver algunos temas. A todo esto, yo empiezo a observar señales, siempre estaba con el dinero medido, evitaba hablar de sus hijos y de su ex pareja y las conversaciones sobre nuestra relación se trataban de expresar mis dolores y de cómo él me ayudaba a entenderlos y manejarlos, casi no se hablaba de su vida. Mientras tanto él siempre realizaba viajes más o menos largos a su país de origen. Me encontraba tan distraída y enfocada en encontrar una salida a mis desafíos económicos, a la atención de mis hijos, en mantener a flote mi empresa, que no había prestado la atención necesaria para interpretar estas señales. Con solo sentir que había alguien que se preocupaba por mí, era suficiente para evadir el mensaje de las señales.

Sin embargo, llegó el momento en que empecé a escuchar las alertas, sobre todo al escuchar mi voz interior. "El incondicional" seguía con la cantaleta de que no le gustaba la historia de "el mentiroso", que por favor proceda a investigar. "El mentiroso" me dijo que tenía que viajar por un tiempo quizás un mes o dos meses, debía resolver temas familiares, no especificaba qué temas familiares. Esta actitud me llevó a investigar.

Viajó a su país un sábado y yo lo seguí un domingo, obviamente él no tenía conocimiento de mi decisión, me alojé en un hotel y comencé a investigar, logré ubicar la dirección de su casa, vivía a una hora de la ciudad, en un pueblo pequeño. Al siguiente día, contraté un taxi, en esa época no existía el servicio a través de la aplicación "Uber", pero si existían los servicios de radio taxis. Me trasladé a una estación central de estos taxis, me aseguré que sea un servicio privado y me fui a buscar la dirección. En el camino le comenté la historia al chofer del taxi y le pedí ayuda, que cuando lleguemos a la dirección él se bajara, tocara la puerta y buscara a la persona en cuestión para entregarle un paquete. Era una casa de clase media baja, sencilla, sin mayores detalles, en un barrio con las calles de piedra donde pareciera que el tiempo estaba detenido.

El chofer del taxi se convirtió en mi aliado. Llegamos, se bajó, tocó el timbre y salió una señora; la estrategia era que "el señor taxista" traía un paquete para "el mentiroso", supuestamente enviado desde su trabajo, obviamente para entregar la encomienda tenía que hacer firmar la entrega registrando datos que identifique el nombre, apellido, teléfono y todas las referencias posibles de la persona que recibe. "El señor taxista" resultó ser mejor que James Bond o mejor que Tom Cruise en la película "Misión Imposible", realizó todas las preguntas a la señora que abrió la puerta, el paquete en su interior tenía únicamente hojas en blanco.

Cuando cierra la puerta, "el señor taxista", retorna casi corriendo al auto y arranca como escapando, y me dice:

- ¡Salgamos de aquí!
- ¿Qué pasó? - Le pregunto.

- ¡El hijo de su madre es casado!, esa señora es su esposa y tiene tres hijas, lo ha ido a llamar, así que mejor nos vamos antes que nos vea. – Me responde el taxista.

"El mentiroso" no estaba separado, seguía casado, como diría una abogada, "estaba en ejercicio legal del matrimonio".

Para volver a la ciudad, había que recorrer una carretera que estaba enroscada en una montaña, las típicas que eran construidas en la zona de Los Andes. Esa sensación de vacío, ese silencio ensordecedor, ese sabor a ausencia y soledad, ya lo conocía. "El señor taxista" me hablaba, nunca supe lo que dijo, yo estaba corriendo a esconderme detrás de la luna. Llegamos al hotel, le di las gracias y no, no lloré. El viaje tardó una hora, una hora en silencio, una hora de correr sin parar dentro mío.

Mi vuelo retornaba a mi ciudad esa noche. ¡Yo lo sabía!, claro que lo sabía, solo que no quería escuchar mi voz interior, mi intuición femenina. Desde el hotel llamé primero al "incondicional", le conté y me dijo que iría al aeropuerto para esperarme. Luego llamé a la casa de "el mentiroso" y me contestó "ella", le dije:

- Soy "fulanita de tal", y quiero pedirte perdón, tu marido me dijo que estaba separado; he estado saliendo con él durante un año y medio y teníamos la intención de casarnos. Te digo esto porque soy mujer, soy madre y para que escuches mi versión; nos ha mentido a las dos. Perdón nuevamente. Mi ser "mujer" necesita pedirte perdón.

Ella llorando me responde:

- Ahora entiendo, vino a pedirme el divorcio; hasta hace unos días yo era una esposa feliz con un esposo que pronto volvería a casa, pero no es la primera vez, él ha estado con "otra" allá en tu país, por eso me vine, no es la primera vez.

Mientras ella hablaba se escuchó la voz de "el mentiroso" que decía:

- ¿Qué te pasa? ¿Con quién hablas?
- Pásamelo. - le dije a su esposa.
- ¿Bueno? - el mentiroso me responde luego de agarrar el teléfono.
- Lo que has hecho se llama traición y eso no se hace, le he pedido perdón a tu mujer. – colgué el teléfono, tomé mis maletas y salí al aeropuerto, mi vuelo salía en algunas horas.

Estaba en paz, pude pedir perdón, pero más que enojada, estaba violentada, me sentí usada, violada, abusada y sobre todo perdida.

- ¿Qué me pasó?, ¿qué no vi?, ¿cómo es posible que yo, que me creo inteligente, fuerte, valiente con una capacidad de trabajo y reinvención cometa estos errores tan básicos?

Llamé a casa y les dije que regresaría al día siguiente, para ellos yo había viajado por trabajo. En mi trabajo viajaba bastante, así que no había nada extraño en mi explicación.

En el aeropuerto estaba él, siempre "el incondicional", fuimos a su casa, compramos una botella de vino, él había preparado una mesa bonita, le conté todo y lloré, lloré hasta quedarme dormida. Se preguntarán:

- ¿Por qué no formalizábamos una relación con "el incondicional"?

Más adelante le dedico un capítulo, pero la razón principal es que él nunca quiso una relación de compromiso con nadie, nada a largo plazo y yo soy de compromisos, de cosas claras y directas. Él tenía su propia historia que la conozco y la respeto, entre ambos nos considerábamos "zona segura".

Borré todos los contactos, cerré mi correo personal, procedí a bloquear de todas mis redes sociales a "el mentiroso", me enteré de que no había vuelto al país ni a su trabajo y no supe más de él hasta 20 años después, que sonó mi teléfono, era él informándome que se había divorciado y quería hablar conmigo, que le gustaría verme. Busqué dentro de mi corazón algo que me dé los argumentos para volver a verlo, no encontré nada, ni bueno ni malo. Le agradecí por llamar, y aclaré que aquello que algún día existió, ya no existe, y que no había ninguna razón para volver a vivirlo, no hay nada en común, y tampoco compartimos nada que lleve a una conversación. Fin de la historia.

- ¿Qué aprendí de aquí?

Que un hombre separado es un hombre casado, parece obvio, pero tenemos la creencia errada que un hombre separado es un hombre libre y sobre todo que está listo para asumir una nueva relación. Aprendí también que cualquier relación que uno asuma después de un divorcio es parte de tu divorcio, es solo un calmante temporal o un espacio para sanar las heridas, es más de lo mismo.

Salí del matrimonio llena de heridas, estas experiencias las abrieron aún más y se abrieron otras nuevas, pero ya no me dolían, era lo que quería creer.

Bendito Dios que escuché a mi tía, mis hijos no se enteraron de la historia, yo tenía que estar bien para ellos, tenía que estar bien para mí, para seguir trabajando. Quizás esa época fue la más oscura de mi vida.

- ¿A quién poder abrirle mi corazón?

¿A dónde ir?

Me sentía sola, muy sola, desamparada, sin poder apoyarme en nada ni en nadie, solo en mi fe en Dios.

Este tipo de soledad, es una soledad amarga que uno aprende a saborear y a convivir con ella, se forma parte del paisaje personal, sin que estorbe, sin que duela.

Capítulo 7
"El español"
Al final todo es por interés

"Hay puñales en las sonrisas de los hombres; cuanto más cercanos son, más sangrientos".
(William Shakespeare)

Había pasado un tiempo, tenía un viaje pendiente a España por temas de trabajo, así que lo organicé y me fui, fue una travesía muy productiva, había un mundo más allá de mi dolor y obviamente conocí a "el español", esta vez me aseguré que estuviera divorciado, tenía 47 años y era profesional. Mi viaje era por diez días y me quedé veinte, fueron días perfectos, obtuve buenos contactos, logré cerrar representaciones y sobre todo pensé que por fin encontré alguien perfecto para mí.

Nuestras conversaciones eran larguísimas, descubrimos muchos puntos en común tanto en lo profesional como en lo personal y entre los dos surge el profundo anhelo de amar y ser amados. Me pidió que me quede con él y que luego traiga a mis hijos, eso era impensable, no tenía el corazón para dejar a mis hijos así sea temporal, y mucho menos alejarlos de su padre, los niños necesitan la cercanía del padre y de la madre para su estabilidad emocional, pero de esto hablaré en otro libro.

Entonces, "el español" aceptó trasladarse a Bolivia, el plan era luego de un tiempo casarnos, reconstruir la familia y mudarnos todos para España de ser necesario. Con nuevas y favorables circunstancias volví a mi país con novio y con nuevos contratos, todo estaba mejorando, me sentía feliz, tenía esperanza.

Mientras tanto seguía viviendo en casa de mi madre, mis hijos estaban creciendo, y yo avanzando con mi prioridad de pagar las deudas, este enfoque me obligaba a reinventarme en cada temporada en mis servicios y en mi profesión.

En una ocasión, no tuve dinero para pagar el colegio de mis hijos, aproveché la situación para proponer al colegio me permitan pagar con trabajo, con servicios de consultoría, gracias a Dios me aceptaron. Durante mucho tiempo estuve sin poder generar ingresos, inclusive en situaciones extremas de no tener para comer y no tener para pagar cuentas básicas; sin embargo, a pesar de todos estos desafíos lograba encontrar soluciones y recibir ayuda, era una señal que Dios siempre estaba presente en mi vida.

Trabajaba entre 12 a 14 horas por día, en la oficina que instalé en el living de mi departamento, todo me quedaba a una distancia de 5 pasos, mis hijos, la cocina-comedor, mi dormitorio, toda mi vida estaba alrededor de 5 pasos, cada día me levantaba, mi rutina era ir al gimnasio, volver a mi departamento y vestirme para quedarme en la oficina, de mi dormitorio a mi oficina quedaba justo a cinco pasos, me despedía de mis hijos y les decía:

- Chau amores, me voy a la oficina.

Era una rutina para distanciar mentalmente mi cotidianidad de hogar con el ritmo del trabajo.

Volví a mi país con el plan de que en tres meses "el español" pudiera venirse para empezar una vida juntos. Sin embargo, la distancia cobró factura, un acoso disfrazado de amor comenzó a ser evidente. Las llamadas eran por lo menos seis veces al día como mínimo, me expresaba celos de todo y de nada, las conversaciones se tornaron en interrogatorios con acusaciones de toda clase de argumentos, yo desde mis carencias lo interpretaba como amor e interés, interpretaba que "me cuidaba", ahora puedo ver la gran herida que tenía en mi alma, a tal punto que cualquier cosa disfrazada de "amor" me servía.

Finalmente él llegó a mi ciudad a los seis meses, España estaba en medio de una de sus peores crisis, según él se había quedado sin trabajo y sin capital, y el plan de comprar una casa para construir la familia no era posible por ahora. La única salida era que él viva conmigo en casa de mi madre y con mis hijos, **"obvio" ¿no?, pero NO, eso no sería posible.**

Estaba dolida, dañada, y todo lo que quieran, pero jamás estúpida, siempre he sido ubicada.

Cuando lo conocí, él vio una empresaria profesional con un gran futuro, pero no me creyó cuando le dije que estaba quebrada, asumió que yo tenía dinero. Asumo que vio mi enamoramiento y entrega, además de lo aparentemente fácil de manipular, no quiero pensar que su "expresión de amor" fue manipulación, aunque así parecía.

Su llegada fue un gran estrés, primero la gran pelea con drama y las manipulaciones, porque él consideraba que él debería vivir en mi casa con mis hijos, porque "estaba dejando todo por mí"; segundo, que estaba conmigo en mi país, lo lógico era que yo debería vivir con él, porque si somos novios y se vino por mí, mínimo yo debería estar con él.

Y si, suena lógico y así debería ser, pero no pude, no me alcanzaba el corazón para meter a mi casa a otro hombre, o para dejar a mis hijos en casa de mi madre y yo irme a vivir con alguien, no pude, además no creo en eso de que "vivir con alguien", sea una especie de formalización o compromiso. Creo en el matrimonio como un acto de respeto hacia uno mismo y hacia la otra persona, la vida necesita compromiso.

La teoría dice que sí se puede vivir juntos sin compromiso, pero en la práctica, yo no pude, ahí tuve que reconocer y aceptar que mi ser de "madre", era más grande y contundente que esto de ser mujer, además había algo en mi corazón que me gritaba que él no era el hombre para mí. Pero estaba ilusionada, esperanzada, así que buscamos la forma de seguir, sentía que él me amaba, o quizás no, no lo sé, de todos modos, no había condiciones para que este amor creciera.

Con el poco capital que él trajo, tomó en alquiler un departamento y como teníamos planes de matrimonio, en una cena pidió mi mano delante de mis hijos, que, aunque eran niños, lo entendían todo y valoraron con respeto el acto.

Estaba quebrada y segundo, me había comprometido a no volver a mantener a ningún hombre así tenga el título de "esposo", en este sentido le brindé mi ayuda de otra manera, lo apoyé a conseguir contactos, realicé muchas gestiones para que él pueda integrase a mi mercado, todo esto lo hacía siempre fuera y lejos de mi casa y además sin entregarle dinero en efectivo. La relación se fue deteriorando y alejando ya que, según él yo no lo apoyaba. Apoyar significaba para él entregarle dinero y eso no sucedería jamás.

Algunos de mis amigos que tenían conocimiento de mi relación me aconsejaban que me vaya con él porque al final "los hijos crecen y se van", también retumbaba en mi cabeza el consejo de mi tía:

- Nunca metas otro hombre a la casa de tus hijos hasta que no estés segura que es un buen hombre y ejemplo para ellos.

Junto con la mirada acusadora de mi madre y sus comentarios tóxicos de:

- No servís para nada.
- Mira cuánto debes
- Sos una mala mujer porque estás divorciada.

Y lo más duro, era recibir como una flecha, su mirada acusadora, violenta y sin un mínimo de amor.

Todos los días valoraba la posibilidad de irme con él, pero no podría dejar a mis hijos con mi madre, sería mucho el daño, creo que las mujeres nos engañamos con esa creencia que debemos ser mujeres antes que madres y eso de que los hijos se van, no es así, los hijos son nuestro legado y son afectados toda la vida por lo que los padres hacemos.

Si existen padres ancianos solos, es porque no construyeron la relación cuando debió ser construida. Yo he sido madre antes que mujer, pero sobre todo he sido una humana consciente del compromiso y responsabilidad con Dios al momento de ser responsable de dos vidas.

- ¿Qué le tendría que decir a Dios cuando me pida cuentas?

    Crees que le hubiera dicho: "Perdona Dios, no pude cuidar las vidas que me diste porque dependo del amor de un hombre".

¡Eso era imposible!, mi dependencia es con Dios no con el hombre.

A pesar de todo continuamos con el noviazgo, él en su departamento yo en la casa de mi madre. Logró acomodarse y pudo empezar a trabajar, la relación tomó una aparente normalidad, sin embargo, poco a poco con el tiempo se fue distanciando.

Una noche, teníamos una cena, nos habían invitado por separado, él no sabía que yo estaba invitada y cuando le comenté y le pedí que me acompañe, me dijo que él también iría, pero que como nos habían invitado por separado que vayamos "separados", y que si lo veía hablando con una señora que no me acerque porque estaba haciendo negocios. No dije nada, no me cuadró, pero quedé atenta, ya estaban las alertas rojas encendidas.

Mi vida personal la manejo con muy bajo perfil, solo un círculo muy íntimo sabe de mis relaciones sentimentales, mi mundo profesional, empresarial y el resto de mi círculo social no necesita conocer mi vida privada. Únicamente cuando tenga un anillo en el dedo, y la certeza de que con esa persona "somos perfectos el uno con el otro", recién haría oficial la identidad de mi pareja.

Llegué a la cena, y lo veo sentado al lado de una señora, visiblemente mayor que él, el lenguaje corporal de él era de conquista y la de ella era de aceptación. No conocía a esta señora, indagando era una empresaria ganadera que venía a la ciudad, comercializaba su ganado y volvía a su finca. Me acerqué donde ellos, él con toda una distancia cordial me saludó y me presentó como su amiga, yo seguí el juego.

Pasada la noche, y siendo él un excelente relacionador público, dejó por un momento sola a esta señora; me acerco y le pregunto:

- ¿Su novio?
- No, pero parece que está interesado – ella me responde.
- Investíguelo primero – fue lo único que le advertí.

Salí de la cena, volví a mi casa con todo el misterio develado, con un nuevo trofeo de traición y sobre todo con la dignidad por los suelos. Mis hijos ya dormían, y sin duda lloré. Le pregunté a Dios:

- ¿Qué pasa conmigo?
- ¿Por qué todo me sale mal?

Al siguiente día, él aparece en mi oficina, con flores y su gran sonrisa. Le dije:

- Espérame en el departamento, voy al medio día.

Llegué con la furia de todos mis años acumulados y le grité:

- ¡A qué estás jugando!

Me dijo con todo el descaro, que la estaba enamorando porque era millonaria y él necesitaba dinero, que como yo no tenía y como él tampoco, que podría ser nuestra salida.

Había un florero de vidrio en la mesa, se lo tiré con todas mis fuerzas, gracias a Dios lo esquivó, y reventó en la pared. Le dije:

- ¡No me busques más!

Se imaginan mi furia, para que me transforme en una violenta histérica.

¿Cómo era posible que no hubiera visto su narcisismo?

Nuevamente me había dejado manipular.

¿Cómo ha sido posible que algo que parecía tan bonito, sería tan desastroso?

Me refugié en mi trabajo, con la bendición de Dios estaba recuperando mi actividad profesional; mi corazón estaba en paz, tenía a mis hijos seguros, para ellos fue un intento de conocer a alguien pero que no era el indicado. En todo este escenario mi madre era una testigo juzgadora y narradora de la desgracia de mi vida.

Quisiera poder transmitirles lo miserable que me sentía, pero creo que no hay descripción para hacerlo. Algo estaba mal en mí, quizás mi madre tenía razón, no servía para nada.

Luego de un tiempo, me enteré que volvió a España con su novia, una chica de 20 años que trabajaba de mesera en un restaurant. Nunca más tuve algún contacto con él. Fue el **final de esta historia.**

¿Qué aprendí en esta historia?

Que yo estaba muy mal, que algo no estaba bien en mí, no era posible que mi vida tenga que ser tan difícil, si Dios quiere lo mejor para nosotros, ¿es necesario pasar por tanto drama? No lo aceptaba.

Aprendí también que migrar no es fácil y que si uno se ve involucrado en ayudar a que una persona se traslade de su país y si esta persona está esperanzada en la ayuda que se ofrece, se debe medir las posibilidades con claridad, porque técnicamente es hacerse cargo de esa persona en todo sentido, yo cometí ese error con él, yo no pude, era ayudarle o destruir mi vida y mis hijos.

Aprendí también que el amor propio que tengo es grande y que aunque estaba pasando por uno de los momentos más negros de mi vida, siempre me elegía a mí misma y a mis hijos en primer lugar.

Capítulo 8
Dios
Aunque no lo veía

"Todos estamos en un viaje espiritual". (Layla Gifty Akita)

A pesar de todo, mi vida seguía avanzando, sostenida por pura voluntad y responsabilidad con mis hijos, aparentaba estar bien en mis expresiones, pero dentro de mí no lo estaba, me encontraba fuera de mi esencia.

Un buen día, no recuerdo cómo, me encuentro con un compañero de universidad que se encontraba en la dirección de una iglesia cristiana, en el pasado fuimos compañeros en una universidad evangélica. Me preguntó cómo estaba e inevitablemente le vacié toda la carga de mi alma.

¿Se dieron cuenta en mi historia que muy pocas personas me preguntaban cómo estoy?

Mi amigo me recordó que soy hija de Dios, y que de acuerdo a nuestras creencias cristianas al ser hija de Dios tengo herencia, es decir que soy la hija del dueño de todo, por lo tanto, todo lo que yo quiera ya es mío por herencia.

Me sonó a discurso de iglesia para transformarme en rebaño, pero también me dijo que mientras mi alma no se calme y mientras no perdone a mi padre, el dinero no fluiría en mi vida, esta última parte de su orientación me preocupó, la verdad es que empecé a ir a la iglesia por interés, quería salir de mis deudas y si acercarme a Dios me traería dinero, "yo me volvía evangelista".

En uno de los pasillos de la iglesia me crucé con el pastor de la iglesia, él se detuvo, me observó y me dijo:

- Calme su enojo.
- Gracias. - le respondí mirándolo fijamente a los ojos con actitud de soberbia. - "Este está loco" – pensaba.

Sin embargo, tal como dice La Biblia: "La palabra es semilla que germina en algún momento", fui encontrando la paz en mi corazón, fui entendiendo cómo es que funciona el espíritu en corazones dañados. Podía llamar a mi amigo cada vez que necesitaba orientación y eso me ayudaba mucho. Por temporadas, en la iglesia escribían textos de la biblia con frases de promesas de Dios, estos escritos se incluían en papelitos que si uno deseaba podía recogerlos, una de estas frases quedó grabada en mí, aunque no lo entendía:

"Deuteronomio 6: ¹⁰ Cuando Jehová tu Dios te haya introducido en la tierra que juró a tus padres Abraham, Isaac y Jacob que te daría, en ciudades grandes y buenas que tú no edificaste,

¹¹ y casas llenas de todo bien, que tú no llenaste, y cisternas cavadas que tú no cavaste, viñas y olivares que no plantaste, y luego que comas y te sacies, ¹² cuídate de no olvidarte de Jehová, que te sacó de la tierra de Egipto, de casa de servidumbre.

¹³ A Jehová tu Dios temerás, y a él solo servirás, y por su nombre jurarás.".

Estaba en estado de inercia, esas palabras no hacían sentido para mí. Todos los papelitos con promesas que recogí, los guardaba en un lugar seguro de mi billetera, quizás en el fondo si creía en esas palabras, aunque no las entendía.

La situación fue mejorando en mi empresa, de manera paralela a mi vida de madre, y de mujer "buscadora de amor", profesionalmente estaba aprendiendo mucho, confirmando que la calidad de mi conocimiento estaba creciendo y sobre todo mi buena reputación profesional estaba expandiéndose a nivel internacional.

El departamento en casa de mi madre, era pequeño, con dos dormitorios, en uno dormía mi hijo mayor y en el otro yo con mi hijo menor, tenía la oficina en el living, las incomodidades eran con mi madre que entraba a cualquier hora sin respetar la privacidad de nadie.

Mi madre siempre me consideró de su propiedad, ella siempre asumió como hecho natural que podía decidir por mí, y podía invadir mi espacio el momento que ella quisiera, además era su casa, ella consideraba que yo debería estar agradecida toda la vida porque de niña no me abandonó, como hicieron con ella. Ella me recordaba que me dio techo, cama y comida, y yo siempre le respondía:

- Eso es lo que hacen los padres, esa es su responsabilidad.

A pesar de las representaciones que permanente me realizaba, la entendía, ella no tuvo madre que hiciera eso por ella. Estaba creciendo profesionalmente y se hacía urgente trasladarnos; en mi oficina ya éramos 5 personas estables trabajando, el esfuerzo y la perseverancia estaban brindando los frutos en mi empresa.

Por fin, logramos trasladarnos a una casa con el suficiente espacio para tener mi oficina en la planta baja y mi hogar en el segundo piso y aunque ya no tenía a mi madre como un factor de interferencia emocional y mental, aun no estaba libre de su frecuente invasión territorial, pero ya tenía experiencia en aprender a manejarla y cada vez me afectaba menos; ella al no encontrar camino para alterarme fue calmando sus agresiones.

Seguí asistiendo a la iglesia como una rutina, me bauticé por obediencia, recuerden que mi interés en ser religiosa era por encontrar el camino en solucionar mis problemas económicos y las instrucciones que tenía que cumplir eran obedecer a Dios en todo lo que decía, por esta razón me bauticé, sin la consciencia de lo que estaba haciendo.

¿Qué aprendí en esta etapa de mi vida?, que siempre la ayuda aparece, aunque no lo veamos, la ayuda aparece. Toda mi vida me he sentido sola, me frase épica era "nacemos solos y morimos solos", pero no es verdad, siempre hay alguien que nos ayuda, en este caso, ese mi amigo fue el instrumento, doy las gracias por eso.

Capítulo 9
Mis hombrecitos
La fuente de la paz en mi corazón

"Si traes hijos al mundo, ámalos con el corazón y el alma".

(Alice Walker)

Mientras tanto, en mi vida de madre, lidiaba con otras batallas, mis hijos ya estaban en la adolescencia, un divorcio por más de que se hubiera teóricamente pactado en paz, produce la caída de la estructura del único mundo que conocen los hijos, es una fragmentación de la unidad que durante la infancia observan en el padre y la madre. Los hijos no perciben y tampoco interpretan al padre y la madre de manera separada, ellos reflejan a los padres como una unidad. Cuando el niño llega a sus 14 o 15 años ya está preparando su consciencia de individualidad, y por naturaleza empieza el entrenamiento de la lucha de poder y conquista de su propio espacio y el hogar se convierte en un campo de entrenamiento emocional y nosotros los padres entramos en un periodo de crecimiento y madurez con esa experiencia de "criar" un adolescente, en mi caso "dos". Es el momento en que los ojos del muchacho observan únicamente los defectos del padre y de la madre, es más notorio en una madre que está criando sola a sus hijos.

Una de mis áreas de especialización es la negociación en situaciones de crisis, pero "en lo corporativo"; por puro instinto empecé a aplicar la metodología que aplicaba en mi profesión con mis hijos, el único argumento que tenía para mantener el límite del respeto de ellos hacia mí, era que mi conducta como madre y mujer era intachable, pero sobre todo que nuestra economía dependía sola y únicamente de mis ingresos, esta razón me daba autoridad, libertad y gobierno sobre nuestras vidas.

Construí mi argumento:

- No tienen absolutamente nada que reclamarme, soy una buena madre, buena mujer, no soy una puta, ni la amante de nadie, no me he metido con nadie por dinero y no ando de mano en mano y mucho menos pidiéndole dinero a ningún hombre, no tomo alcohol, no me drogo, no he matado a nadie y tampoco he robado, no tienen un solo argumento por el cual ustedes me desobedezcan, me falten el respeto o se desvíen de nuestros principios y valores.

Con este argumento daba por concluidas las discusiones familiares.

Con mis hijos teníamos reuniones de directorio, las decisiones trascendentales de nosotros tres se tomaban con metodología corporativa, constantemente abríamos mesas de diálogos y negociaciones y poco a poco fuimos construyendo y documentando el plan de vida de cada uno de nosotros. Aún guardo sus papeles escritos a lápiz con su letra de inocencia sobre lo que harían con sus vidas. Mis hijos son mi mayor inspiración de paz.

Cuando llegábamos a un acuerdo o salían bien las cosas, nos premiábamos con un cine, helado y papas fritas. Siempre tenía listo un dinero extra para nuestros premios, compartía con ellos la experiencia de mis clientes o algún logro profesional. Mi oficina seguía estando en mi casa, a cinco pasos de distancia; mis horas de trabajo sentía que eran infinitas, las veces que provocaba un paréntesis en mi trabajo era para atenderlos a ellos, para cubrir sus necesidades y obviamente para comer, dormir e ir a mi gimnasio. Ellos han crecido trabajando conmigo, en las aulas de las universidades, reuniones de trabajo y en el gimnasio.

También realizaba investigaciones de mercado, esto requiere mucha logística, mis mejores asistentes eran ellos, conocen de memoria el protocolo, así como el contenido de mis clases; en muchísimas ocasiones me acompañaban a dar clases.

Entendí que su estabilidad emocional estaba ligada a mi estabilidad emocional, no podía andar abandonando mi alma por un hombre, ¿con qué argumentos negociaría respeto?, si antes tenía cuidado con las personas que ingresaban a mi vida, ahora tenía más responsabilidad con mis hombrecitos que estaban construyendo su ruta.

Aunque ha sido uno de los tiempos más duros a nivel económico y emocional, observo en retrospectiva ese tiempo y me siento satisfecha porque fue fortalecedor.

En el poco tiempo que me quedaba para estar sola conmigo misma, siempre me preguntaba:

- ¿Qué de malo tengo yo para no encontrar un buen amor?
- ¿Por qué tanto sufrimiento?

A pesar de tener trabajo, a pesar de ser reconocida en mi ambiente profesional, el dinero no alcanzaba, recibía lo justo y suficiente para sobrevivir y para pagar la gran deuda que aún estaba vigente.

Capítulo 10
"Mi amigo de la infancia"
El dolor puede matar

"Una buena mitad del arte de vivir es la resiliencia".
(Alain de Botton)"

Llega a mi vida **"mi amigo de la infancia"**, estudiamos juntos en prekínder, es decir, nos conocemos desde que teníamos 4 años, nuestras familias eran amigas, en especial uno de mis tíos era el amigo de la familia, ellos eran integrantes de la Iglesia Bautista, llegaban de Brasil y estaban trabajando para levantar un templo en mi ciudad.

Me contactó por las redes sociales, salimos a tomar un café por la tarde, fue bonito, vaciar toda mi vida en una mesa, y ver cómo él también lo hacía. Él ya llevaba tres divorcios, y estaba quebrado financieramente, mal, todo mal, pero con muchos proyectos, anhelos y esperanzas por delante. Este mismo ejercicio, el de salir únicamente para hablar y escuchar, se siguió repitiendo un par de veces, era una buena terapia para los dos. Pude observar en él, su sufrimiento, pero también la esperanza, creo que a los hombres no les enseñamos cómo sufrir, no les enseñamos cómo manejar sus emociones, fracasar está bien, lo que no está bien, es quedarse ahí. Lo más duro para él, era que de sus mujeres ninguna le dejaba ver a sus hijos. Él era cristiano, por lo menos tenía las enseñanzas y había esperanza.

Una noche fuimos a cenar y me declara oficialmente que quería que seamos novios, que nos tomemos un tiempo para confirmar que tenemos una oportunidad, creía que podíamos apoyarnos; obviamente le dije que sí, sentía paz y lo sentía en paz, esto sucedió un sábado.

Tenía un viaje programado para los siguientes días, y me fui, viajé el lunes siguiente, martes hablamos por teléfono, pero el miércoles no me llamó y yo tampoco pude llamarle. jueves y viernes estuve muy ocupada y desconectada. Viernes por la noche cuando llegué al hotel ingresa una llamada de un número desconocido, preguntándome si conocía a "fulanito de tal", porque lo habían encontrado muerto, parecería que se había suicidado tirándose de un puente, no tenía documentación y lo único que tenía era mi tarjeta de presentación en el bolsillo de su camisa.

- ¡O sea! ¿Qué?

Si señores, se suicidó, en las cámaras se puede ver cómo él deja su vehículo el jueves en la madrugada en un lugar y se dirige hacia un puente cercano a la zona, es un puente bastante alto que está sobre un gran río, se puede apreciar como él abandona su vehículo y va y viene hasta que no vuelve más. Luego me enteré de que el dinero que debía era bastante. Cuan solo y perdido tuvo que sentirse para no encontrar una salida. Yo no vi ni un solo rasgo de depresión o de debilidad, no pude verlo, quizás por el poco tiempo, no lo sé, tampoco me siento culpable por ello, no lo sé, no lo entendí.

Desde el país en que me encontraba, tuve que buscar a su madre y a su hermana que no estaban en el país, lo más terrible del caso es que no había nadie que se haga cargo del cuerpo, así de profunda era su soledad. Ninguna de las ex - mujeres se quiso hacer cargo, ¿cuánto dolor y enojo había en esos corazones?

Fui con Dios y le dije:

- Bueno, ¿a qué jugamos?, ¿cuál es el plan?,

    ¿qué quieres conmigo con todo esto?,

    ¡Qué me está pasando!

Mientras estaba en el congreso, (recuerden que estaba fuera de mi país en un congreso), lo único que repetía dentro mío era:

- ¡Qué me pasa! ¡por qué me pasan estas cosas!

Y obviamente le reclamaba a Dios.

El padre de "mi amigo de la infancia", había "abandonado" a su madre por irse con su secretaria cuando él tenía como 15 años, pero además este padre era una alta autoridad de una iglesia evangélica, por tanto, esta traición a la madre y a ellos, indudablemente dejó un daño irreparable en el alma de mi amigo, sin contar la carga de vergüenza ante la "iglesia". Luego me enteré que en su primera juventud era mujeriego, que los tres divorcios que él tenía fue por infidelidad. ¿Ven la cadena?, ¿Ven la repetición de historias?, traición y abandono, mala mezcla.

Más que curada de espanto, entendí que no es normal lo que me estaba pasando, recordé las palabras de ese pastor "calme su enojo" y "perdone a su padre", empecé a investigar sobre lo que significa el "enojo" en las personas y resulta que es uno de los sentimientos más destructivos.

Entre mis grandes búsquedas, encontré el libro de Lise Bourbeau, "Las 5 heridas de la infancia", "el rechazo", "abandono", "humillación", "traición", "injusticia" y lo más importante que entendí, es que técnicamente todos los humanos sufrimos alguna de estas heridas durante la infancia, en mi caso las tenía todas. Entendí que estaba en guerra contra el mundo, eso es lo que provoca el enojo, estar defendiéndote todo el momento de todo, solo que uno no lo entiende, no entiende la rebeldía, el estado de "no me importismo", fue así que empezó a despertar en mí el interés de aprender más acerca del ser humano y de su proceso de crecimiento personal, pero sobre todo cómo nuestros padres afectan tan negativamente en nuestras vidas, pero a la vez, también son todo lo positivo.

Me impactó muchísimo, que mi amigo se suicidara, que lo hubiera encontrado después de muchísimos años, que se abriera una esperanza, y sobre todo que yo hubiera atraído a alguien tan roto por dentro; resulta que yo también era una niña rota, y que debía pedir ayuda, sin embargo no la encontraba, la iglesia sigue su dogma y la del pastor de turno; los psicólogos con sus métodos y enfoques ayudan, pero no resuelven, las amigas y amigos tan rotos como uno, ¿a quién pedir ayuda?; solo a Dios; una noche en mis oraciones, le dije:

- Bueno ¿Dios qué quieres conmigo?, aquí estoy, he llegado hasta aquí y de aquí no sé para dónde ir ni qué hacer, ya está bueno de este juego, debes mostrarme una salida, porque esta mi vida no es la que quiero ni merezco.

Amanecí con una palabra en mi mente "investiga" y le dije nuevamente a Dios:

- De verdad que sos chistoso, ¿qué quieres que investigue? Padre, hablas a medias.

En fin, conclusión del día, yo era una niña rota, en una realidad de adulta con la gran responsabilidad de criar a dos seres humanos, criarme a mí misma además de financiar mi vida y la de mis hijos, pagar las inmensas deudas que aún existían y sobrevivir a mi madre.

¡Qué difícil por Dios!, sentía que no podía, no encontraba la salida, solo por instinto seguía adelante, trabajaba, trabajaba y trabajaba.

Tuve que aceptar mis lados más oscuros, a esta altura de la vida tuve que mirar mi orgullo, soledad, miedo, autosuficiencia, ansiedad, violencia, soberbia, controladora, desconfiada, impaciente, intolerante, frustrada, resentida. De verdad, estaba perdida en mi enojo con una baja autoestima disfrazada de "yo puedo con todo".

Totalmente traumatizada, cada vez que conocía a alguien técnicamente lo investigaba desde sus tatarabuelos, lo analizaba como si fuera mi mayor inversión, aunque me gustaran buscaba sus lados oscuros y los comparaba con los míos y pues obviamente ninguno era suficiente, mucho más después de cumplir los 40 años, ninguno servía, gente quebrada, deprimidos, por último enfermos, solo buscaban una relación sin compromiso, sin perspectivas, o solo un revolcón, me llegaba gente a medias, sin contar los casados, que esos ni se cuentan en esta historia, yo ya no miraba a las personas solo veía sus oscuridades.

Tomé una gran decisión, dije:

- Voy a sanarme yo primero, para poder recibir a quien acompañara mi vida, primero soy yo, yo debo entenderme y sacar lo mejor de mí.

No podía seguir por la vida, buscando y clamando por lo que no tuve en mi infancia, me quedaba claro que uno atrae lo que tiene dentro, entonces todas esas personas que yo acepté en mi vida y que fueron un desastre, ha sido porque yo soy un desastre mayor. Qué gran responsabilidad es uno con uno mismo, qué gran trabajo tengo por delante. Qué gran trabajo ser uno mismo.

Capítulo 11
"Una nueva mujer con el mismo yo"
Reflexiones en mi corazón

"Aquel que tiene un porqué para vivir,
puede soportar casi cualquier cómo".
(Friedrich Nietzsche)

Pasaron unos años, me había concentrado en mis hijos, en mi empresa, en mis compromisos y en investigar, estudiar y aprender sobre esta historia de los padres hacia los hijos y lo que me estaba pasando; seguía asistiendo a la iglesia, pero sin involucrarme en sus grupos de oración y sin ser militante activa. Fui entendiendo muchas cosas, poco a poco empezó a resplandecer una nueva persona en mí, algo así como que mi lado con más luz empezó a tomar protagonismo en mi vida; había avanzado muchísimo en ser "la nueva yo".

Todos los días me decía y le decía a los demás:

- Soy una nueva mujer.

En una de esas charlas interminables con amigos, alguien me dijo:

- Es que eres demasiado exigente, nadie llenará tus expectativas, dale la oportunidad a gente normal en tu vida.

Me resonó "gente normal" y eso de "bajar mis expectativas".

Pues sí, me había vuelto ultra cuidadosa de las personas que incorporaba en mi vida, desde los amigos, la familia y mucho más los candidatos a pareja, novio, marido o cualquier parecido. Estaba empeñada en entender quién era yo, cómo había llegado a tener estas experiencias desastrosas en el amor y por ende con repercusiones en mi economía.

La presencia de mis dos hijos hizo todo en mi vida, son todo para mí, vivía para ellos, soy mejor persona por ellos, mis hijos son la gran responsabilidad que Dios me puso en mis manos, era imposible fallarles.

Ya tenía como unos 8 años de divorcio y me encontraba totalmente encerrada en mí misma, cuidando el alma de mis muchachos y la mía, me había convertido en una ermitaña social dedicada a trabajar, estudiar, aprender y avanzar, estaba totalmente concentrada en entender qué me había sucedido, cualquier persona que aparecía en mi vida con un interés de relación emocional solo estorbaba mi propósito.

Debo ser honesta conmigo misma, mientras en la mente yo buscaba el amor, mi alma no quería a nadie alrededor, nadie que estorbe mi avanzar. Aprendí a valorar el esfuerzo que yo ponía en mi vida, mis horas interminables de trabajo, de estudio, de entrega, poco a poco fui valorando mi vida, fui adornando mi oscuridad con ojos de luz. El pastor de la iglesia, que era amigo mío, me seguía diciendo que yo era hija de Dios, que como hija era heredera, y todavía no le entendía. Sin embargo, de alguna forma, siempre supe que yo tenía valor, yo valgo mucho.

Capítulo 12
"Divorciada en un mundo de hombres"
Encontrando mi fortaleza

"No nos ocurre nada que no estemos preparados para soportar."
(Russell Crowe)

Por mi trabajo me muevo en el mundo corporativo, el de los ejecutivos, donde las grandes decisiones son tomadas por hombres; empecé bastante jovencita en este mundo, en esas épocas las mujeres ejecutivas eran muy pocas, sin embargo, logré desarrollar habilidades que enviaban mensajes claros que mi presencia e interés solo era profesional. Aprendí a ser directa, clara y sin tapujos en la boca cuando tenía que poner a alguien en su lugar. Las mayores agresiones no fueron por acoso sexual, eso se resolvía poniendo los límites claros. La mayor recurrencia era la incomodidad de estas personas, sobre todo los mayores al tener una mujer y joven asesorándoles y guiándoles en decisiones estratégicas.

Siempre he trabajado como asesora externa, dentro de la empresa siempre he tenido un interlocutor que hacía las veces de mediador.

Me gané mi espacio y respeto a punta de resultados, en una primera instancia dudaban, primero por mi método desconocido y segundo por ser mujer, pero cuando veían los resultados, la mirada cambiaba, ya no veían a una mujer y ni por asomo les interesaba mi estado civil, al final la empresa quiere resultados, quiere que las cosas funcionen.

En caso de eventos donde tendría que ir con "la pareja", llegaba sola, me quedaba el tiempo prudente justo y necesario para hacer relaciones públicas, cumplía con la invitación y me retiraba.

Me volví inalcanzable, inaccesible, absolutamente concentrada en transformar mi vida, y financiarla. Recuerden que el único ingreso que yo tenía era el de mi trabajo, tenía que criar mis dos muchachos, sostener mi vida, los compromisos y construir un futuro.

Cada día me fortalecía más, mis días eran totalmente ocupados, sin embargo, siempre ha estado vacío ese espacio de ese "alguien", esa ausencia silenciosa que se vuelve tu sombra. Aunque me llevo muy bien conmigo misma, me gusta estar con mis silencios, ese espacio de la "pareja" no se llena con nada y de una u otra manera va minando poco a poco el interior del alma. Creo que las personas, hombres y mujeres, debemos tener la humildad ante nosotros mismos de aceptar que anhelamos esa compañía, que el anhelo del alma siempre es compartir la experiencia de la vida. En ese estado de autosuficiencia y fortaleza externa, cada día entendía un poquito más sobre lo que Dios quiere de nosotros y eso me fortalecía internamente, sin embargo, esa sensación de soledad siempre acompañaba mi vida.

Un día firmé un gran contrato, y entré a una de las primeras reuniones, lo vi, fue un cruce de miradas fulminantes, sus ojos me tocaron el alma, y sé que yo toqué la de él, era un ejecutivo de esa empresa con quien tenía que coordinar el proyecto, es decir era mi contacto designado. Era un proyecto que requería muchos viajes, mucha logística y trabajar codo a codo con la empresa, es decir con esta persona, que en el próximo capítulo lo llamaremos **"la tentación"**.

Capítulo 13
"La tentación"
Rompiendo cadenas

"Para disfrutar la libertad, tenemos que controlarnos a nosotros mismos."
(Virginia Woolf)

La química que había con él, era indescriptible, la última vez que había sentido algo así, terminé casada y con dos hijos. Teníamos que trabajar juntos, y era un suplicio, sin embargo, ambos nos manteníamos en nuestros roles, y gracias a Dios trabajábamos en equipo; aunque pocas veces quedábamos solos, había espacios donde teníamos que trabajar los dos y era perfecto, una coordinación espectacular, era como si nos conociéramos de toda la vida, solo lo conocía desde hace unas semanas y ya podía intuir lo que diría y cómo pensaba.

En uno de esos momentos en que quedamos solos, me tomó de la mano y me dijo:

- Estoy loco por vos, no sé qué me has hecho, estás todo el día en mi mente, solo de estar cerca tuyo, me transformo.

¡Dios! ¡Qué tentación!, el pequeño detalle era que el hombre estaba casado. Pensé que estas cosas solo pasaban en las películas, se siente la atracción en la piel, técnicamente es una "atracción" así como un imán, uno siente que se le revuelve todo por dentro cuando está cerca de esa persona. Aunque nunca pasó nada, todo ya había pasado en una sola mirada. Yo me mantuve en mi discurso de:

- No quiero aventura, quiero un hombre mío.

Ya habían pasado algunas semanas y la presión que él ejercía en mí, aumentaba y mi voluntad se debilitaba, en el proyecto aun estábamos en la planificación y yo era consciente que no podría seguir diciendo que "no".

Estaba en casa, eran las 10 de la noche, tocaron mi puerta. Mi casa tenía un gran garaje por donde se atravesaba para llegar a la puerta de calle, mis hijos dormían y yo ya estaba preparada para meterme en la cama. ¡Era él!

- Pero… ¿cómo?, ¿cómo sabes dónde vivo?, ¿qué haces aquí?
- ¿Puedo pasar? - me preguntó. Obvio que no lo dejé pasar.

Y me dijo:

- Ya no puedo más, te amo, me tienes loco, quiero que seas mía por el resto de nuestras vidas.

Él sabía, los dos sabíamos que la atracción era inmensa. Me había estado siguiendo todo este tiempo, había investigado todo sobre mí, sabía que estaba divorciada, que vivía con mis hijos en casa de mi madre, que no tenía a nadie que se asemeje a una pareja, pero sobre todo sabía mi debilidad hacia él, él lo sabía, lo sentía, porque yo inevitablemente lo demostraba con mi mirada.

Salí a la calle y como un par de adolescentes, nos quedamos hablando, le abrí mi corazón, le dije que sí, que yo también sentía lo mismo, que esta atracción era visceral, demasiado fuerte, pero también le conté de todo mi camino, de mis experiencias y de mis elecciones, le hablé de lo que yo merecía para mi vida y sobre todo le expliqué que técnicamente era imposible ser la amante de alguien, porque soy la hija de una amante y conozco las consecuencias, conozco el sabor amargo de relaciones en desorden, se lo dije llorando; es algo que mi alma no alcanza para soportarlo es más grande que cualquier cosa.

Seguramente pensarán que sucumbí a esta tentación que era más grande que mi voluntad, ¿pero saben qué?, ahí me di cuenta del gran dolor que tenía dentro mío por ser parte de una historia como esa. Le expliqué que, si yo aceptaba esa relación, no tendría cara para mirar a mis hijos de frente porque no tendría autoridad moral para hablarles de hacer las cosas correctas. En ese momento, lo único que me mantenía a raya eran mis hijos y el no querer repetir la historia de mi madre.

Él me prometía todo, sé que era sincero y era el anhelo de su corazón, pero también sabía que él no estaba pensando, solo sintiendo. Él ya llevaba algo más de 15 años de matrimonio, hijos y todo un hogar estructurado, dentro de sus promesas estaba que se divorciaría, que jamás se imaginó que se enamoraría así, que le dé tiempo y todo el rosario de promesas que un hombre casado hace, y sé que lo hacía de corazón, pero como les dije, sé también que no era consciente, una cosa es anhelar y manifestar un deseo y otra es hacer que las cosas sucedan, ponerse cara a cara con la situación y asumir todas las consecuencias previstas y sobre todo las imprevistas que son miles ante una situación que uno nunca ha experimentado.

Un divorcio es una desestructuración de un sistema familiar, tiene consecuencias nefastas, para todos, primero la pareja y los hijos, pasando por la familia y también los amigos y sobre todo las finanzas.

Yo ya pasé por eso y aún estoy recogiendo los pedazos de mi alma para poder darle una nueva forma a mi vida, es imposible que yo sea protagonista de otra experiencia como esa. Una de las razones de escribir este libro es poder compartir esta experiencia, el matrimonio es más que la unión de dos personas que en teoría se aman. El amor necesita tiempo, mucha razón, mucho compromiso y condiciones de todo tipo, emocionales, espirituales, económicas, financieras, sociales.

Creo que el amor debe ser lo más racional que tengamos en la vida. Lo que pasaba con él, era química, muchísimas hormonas a flor de piel, pero era imposible que fuera amor. El amor construye, no destruye, no se puede a nombre del amor, herir a otras personas.

La figura del "amante", es un "algo" sin lugar, sin orden, sin reconocimiento, sin prioridad ni autoestima y con una absoluta falta de visión. Es un escenario donde no hay espacio para ganar y es mejor alejarse porque es una trampa disfrazada de emoción, aventura, esperanza, adrenalina, muchísima pasión, mucho deseo, un sin fin de emociones que hacen que pierdas técnicamente la razón y cuando el deseo se satisface, la pasión baja, la realidad aparece, es como un punto sin retorno con consecuencias nefastas.

Finalmente, el hombre entendió mi punto y vio mi firmeza y se fue, gracias a Dios se fue, mi firmeza eran mis dos hijos que estaban durmiendo adentro de la casa, si no hubiera sido por ellos, yo ya estaría perdida en ese maremoto de emociones.

Al siguiente día, fui a la empresa, pedí hablar con él y le dije que suspendería el contrato; si yo seguía cerca de él, sin duda terminaríamos enredados. Mi mayor muestra de amor hacía mí y hacia él era alejarme, tomar distancia porque eso no terminaría bien para nadie. Y eso que esta historia no pasó de una tomada de manos, es que ni siquiera hubo un beso.

Inmediatamente llamé a un colega y le traspasé el contrato, el hombre entró en shock, pero no le di espacio para decirme nada, yo estaba firme. Salí como escapando de las llamas y él me siguió y me dijo:

- ¡Serás mía! ¡te amaré por siempre!

Solo lo miré y me fui y en mi mente repetía:

- Anulo y cancelo ese decreto, anulo y cancelo ese decreto.

Mientras conducía de vuelta a casa, hablando con Dios le decía:

- ¿A qué juegas Dios?, ¿qué quieres de mí con toda esta historia?

¿Cuál es la necesidad de ponerme este tipo de hombres en el camino y encima que el hombre me guste?

No eso ya no, ya te pasaste

¿Dónde está esa historia de que "pide y se te dará"?

¿Cómo es que soy tu princesa y sufro como esclava?

¿Cómo es que me has hecho de nuevo y sigo con los desgastados dolores?

¿Dónde están todas esas promesas que se hablan en la Iglesia?

O sea… Dios ¡no te entiendo!

Él, se obsesionó, sabía que él me seguía, me llamaba todas las noches y yo no contestaba, muchas veces cuando salía con algunas amigas, de pronto lo encontraba sentado cerca, la situación se hizo insoportable, por lo que redacté una carta dirigida al directorio de la empresa, indicando las razones de haber suspendido el contrato aduciendo acoso.

Fui a la empresa y como me conocían entré directo en su oficina, no sin antes pedir prestado el sello de recibido de la carta, la cual sellé, pero no entregué en secretaría. Ingresé en su despacho, él se sorprendió y le dije:

- Esto ya estuvo suficiente, esto no es sano para nadie, tengo esta carta sellada para el directorio y una denuncia pública por acoso, solo es activarla, o se termina esta persecución o toda tu vida se termina, una cosa es que me gustes y otra es que yo no me quiera.

Fin de la historia, el hombre se calmó, nunca más me buscó y tampoco lo volví a ver.

El acoso no es otra cosa más que violencia y manipulación disfrazada de alguna versión errónea del amor. Así es como se controlan a los cobardes manipuladores obsesivos. ¡Qué cosas por Dios!

¿Qué aprendí?

Que mi libertad es sagrada, que nadie debería manipularte a nombre del amor mucho menos de una pasión. Aprendí que siempre me elijo por libertad de pensamiento, de sentimiento, y sobre todo aprendí sobre la libertad de mi espíritu.

Más que molesta y fuera de sentirme una víctima, estaba confundida, si en mi niñez sentía que no pertenecía a este mundo, mucho menos ahora, no entiendo al mundo, no entiendo para qué tanto drama. Esto que me está pasando no lo acepto, no lo merezco, no es mío.

Una de mis áreas de especialidad es la investigación de mercados, pero sobre todo los diagnósticos comunicacionales que se basan en entender las estructuras de creencias de las empresas, la sociedad y todo su entorno para poder construir interpretaciones. El primer paso en la gestión de comunicación estratégica es entender a la empresa sus propósitos y el momento que están viviendo. Como yo no entendía mi mundo le dije a Dios:

- Bueno padre, hablemos, a ver, voy a creerte, así que ayúdame a entender ¿qué no estoy viendo?, ¿qué no estoy entendiendo?, háblame en la noche, escribe en mi mente lo que debo hacer, vos has dicho que sos mi padre, y como tu hija te lo pido porque es mi derecho, en realidad padre, tomo el derecho como tu hija y pido respuesta.

Pasó un tiempo y un día me levanté con el mensaje en mi mente:

- Sos una empresa.

Así que le respondo a Dios:

- Y encima hablas y con mensajes cifrados, ¡qué quieres decir con que soy una empresa!, ¡habla claro!

Capítulo 14
"Autodescubrimiento"
Abriendo mi alma

"La mayor sabiduría que existe es conocerse uno mismo". **(Galileo Galilei)**

Cuando inicio una asesoría en comunicación estratégica, comienzo por una Auditoría de Imagen y Reputación, eso significa conocer y entender qué piensa y qué cree la empresa de sí misma, así como todos los grupos de interés con los que se relaciona, incluyendo el mercado obviamente. El primer paso es conocer los sistemas de pensamiento de sus líderes lo que ellos creen de sí mismos y ver si están alineados a los de la empresa. Decidí aplicar mi método en mí misma como si yo fuera una empresa. El método es sencillo, pero requiere sistematización, disciplina y tiempo. Se trata de estructurar las creencias que están guardadas en el subconsciente.

Descubrí que, aunque mi mente creía y pensaba que yo podía con todo y que sabía que era buena, mi recurrencia de pensamiento era de víctima y una absoluta baja autoestima. En resumen, yo no creía en mí misma, aunque sabía que era buena profesional, yo no lo creía del todo, aunque sabía que era una buena persona, buena madre, buena mujer, no lo creía.

Fíjense la diferencia entre saber y creer, se "sabe" con la mente, se cree con el corazón y los procesos de creación parten desde el corazón.

Parte de mi método es aplicar una encuesta de percepciones al entorno personal, profesional, social, empresarial, es decir a quienes pueden dar una opinión valiosa sobre uno.

Apliqué esta encuesta a cincuenta personas, entre mis hijos, mis amigos, mis clientes que me conocían muy bien, personas que tenían referencia mía pero que sus criterios y opiniones eran valiosas, el resultado fue sorprendente. Mirarme en el espejo de los otros me dejó ver que ellos me valoraban mucho más de lo que yo misma me valoraba, que reconocían aspectos en mí que ni siquiera yo sabía que tenía, como el nivel de humanidad, compromiso y confiabilidad.

Crecí con la voz de mi madre y mis parientes más cercanos diciendo que yo no servía para nada y que no sería nada en la vida. ¿Por qué?, porque era inquieta, parlanchina, rebelde, contestona, indomable, si algo no me parecía lógico, no lo aceptaba, yo era todo lo contrario a lo que el sistema tradicional indicaba de "cómo debe ser una niña". Peor aún en un colegio de monjas, aunque nunca fui una "chica problema", sí era inquieta y mis notas no eran las mejores, en realidad en el colegio no estudiaba, solo lo suficiente para vencer el año.

Ahora entiendo que mi adolescencia fue muy dura para mí, por todo lo que vivía en casa. El psicólogo Charles Cooley, dice que nuestra identidad está estructurada en cómo creemos que los otros nos ven, esa "suposición" que tenemos en relación a cómo creemos que los otros nos ven, determina todo en nuestra vida y generalmente son creencias erradas. Ese es el valor de los autodiagnósticos de identidad, y cada vez que lo profundizo confirmo que mi método es acertado.

Cuando pude verme a través de los ojos de los otros, descubrí, que lo que yo pensaba de mí misma solo eran fantasmas que habitaban en mi subconsciente, fantasmas creados por mi interpretación de lo que escuchaba sobre todo de mi madre y mi entorno primario.

Entonces, si mi problema estaba en mis sistemas de creencias y en mis padres, busqué como solución aprender de todo, Programación Neurolingüística, Constelaciones Familiares, Metafísica, Bio-descodificación y me comprometí a leer La Biblia para escuchar a Dios de primera mano. Aún estoy estudiando y cada día descubro el mundo desconocido del inconsciente y subconsciente donde habitan nuestros ancestros, de toda la información que traemos en la sangre, tenemos un tesoro escondido dentro de nosotros mismos, y, ¿saben qué?, todo está en La Biblia. Dentro de nosotros mismos está todo, las experiencias que nos destruyen, así como las experiencias que nos construyen.

Pude ver más allá de la traición de mi padre, y descubrí a un hombre carismático, amante de los niños, una inmensa humanidad, capaz de quedarse sin camisa por darlo a quien lo necesita, descubrí un niño quebrado, teniendo que trabajar desde niño con una madre manipuladora.

Pude descubrir la fortaleza de mi madre, con una inmensa humanidad y vocación de servicio, su naturaleza emprendedora y su gran fortaleza de haber logrado educar a dos hijos con un sueldito de enfermera y encima mantener a mi padre cuando entró en depresión y enfermó.

Resulta que mis dolores no eran tan grandes cuando los ponía en comparación con los de mi padre y los de madre, descubrí que yo era una privilegiada y valiosa para los otros. Mi desafío era, cómo empezar el camino de la autovaloración, así que seguí estudiando, pero este es otro libro.

Ya había pasado un tiempo, estaba totalmente concentrada en mi autodescubrimiento, fascinada conmigo misma, ¿cómo?, a medida que aprendía y entendía cómo funcionaba mi mente conectada con mis emociones y cómo mis creencias me jugaban la mala pasada; mi entorno mejoraba.

A todo esto, mis hijos ya se encontraban en la universidad, yo tenía que lidiar con su juventud que reclamaba libertad, además de los inmensos gastos que significa darles buena educación y soporte económico y emocional.

Un buen día conozco a alguien interesante porque estaba en la misma búsqueda, además era escritor y si, más o menos guapo, algo deteriorado el pobre hombre, mayor que yo con unos 6 años, pero pasable, alcanzaba para ir a tomar un café.

Capítulo 15
"El vendedor de humos"
Las Ilusiones

"Existen dos maneras de ser engañados. Una es creer lo que no es verdad, la otra es negarse a aceptar lo que sí es verdad".
(Sören Aabye Kierkegaard)

¿Cómo lo conocí? Fue en una feria de libros. Me pareció interesante el título de su libro, me acerqué, pregunté sobre su tema, leí algo y me pareció interesante su temática. Hablamos un poco y se lanzó directo a invitarme a cenar. ¡Ajá!, no era invitación a un café, era directo a cenar y me parecía algo así como un tipo serio, presentable.

Quedamos para cenar al siguiente día, le dije que nos encontremos en un lugar específico y así fue, llegué puntual y él también. Buena charla, interesante, la cena tardó como tres horas y luego me invitó a tomar algo. Ya sonaba a cita, obviamente le dije que sí, nos levantamos y saliendo del lugar, me tomó de la mano como si fuera su pareja, le miré con expresión de ¿Y esto?, me dijo:

- Yo lo tengo claro, vos y yo deberíamos ser pareja.

¡Lanzado el hombre! Pues, qué les digo, claro que me cautivó, su claridad, eso de ser directo, más la química, el plato estaba servido.

Días antes hablé con un amigo y me decía que yo debería bajar mis estándares, que acepte a personas más normales, que era muy exigente con los hombres y me dijo una frase interesante:

- "Los príncipes azules no aparecen, es uno quien los debe transformar en príncipes azules".

Y sí, tiene lógica, la persona perfecta no aparecerá de un momento a otro, uno tiene que invertir tiempo y si se dan las condiciones juntos transformarse en ese "ideal". Así que, con esa preparación mental, me tomé de la mano de este hombre que lo llamaremos **"el vendedor de humos"**.

Fuimos caminando hasta su auto y ¡Oh! ¡sorpresa!, era una camioneta pequeña, vieja, destartalada pero limpia. Me dije a mí misma:

- Pero este es un mediocre perdedor, debo salir de aquí.

E inmediatamente mi otra yo me dijo:

- Sé tolerante, no seas discriminadora, no juzgues por las apariencias, dale una oportunidad, no seas exigente.

Así que, como ya estaba en la historia, subí a la camionetita, no me sentía cómoda, pero me dije:

- Está bien, veamos qué pasa.

Fuimos a un restaurant bar, tomamos un vino, la charla seguía siendo buena, teníamos los mismos sueños, él ya había escrito un libro, y yo estaba con este sueño de escribir mis libros, así que estaba aprendiendo cómo hacerlo.

Él estaba soltero, divorciado hace siglos y había terminado una relación hace un tiempo. A estas alturas de la noche, ya me había olvidado de la camionetita de pobre y me enganché en el discurso del rico soñador.

Salimos del restaurant y caminando hacia la "camionetita pobre", me "robó" un beso, así al mejor estilo de las películas románticas. Fue un buen beso, buena química así que, poniendo en balance, entre su "camionetita pobre", compartir los mismos sueños, tener buena química y ser compatibles, eso de "pobre y perdedor" dejó de ser relevante y me dije:

- Quién sabe, quizás es empezar de cero juntos.

Con esa idea, empezamos una relación formal, trabajador el hombre, pero muy disperso, sin embargo, aun así, estaba bien. Cuando conocí el departamento donde él vivía fue el segundo choque de realidad, alquilaba dos cuartos al fondo de una casa. No, no era un departamento, tampoco una casa, eran dos cuartos, lo había acondicionado como un departamento con las partes de lo que alguna vez perteneció a una casa, un ropero antiguo, una mesa improvisada, ropa por todos lados, era un desorden ordenado, tratando de darle sentido a algo que no lo tenía.

Debí salir huyendo en ese momento, pero no, yo misma me decía:

- No seas tan exigente, sé compasiva, quizás es mejor así, así construyen juntos.

Aunque me repetía esas palabras, ya no me gustó y puse esta historia en estado de "veremos qué pasa".

A pesar de todo, parecía que podría funcionar, mucho sueño por delante, pero poca realidad por donde partir. A todo esto, nuestra relación ya tenía como dos semanas, y yo no me sentía del todo cómoda, no quería actuar por prejuicios, y no quería terminar la relación porque él era "pobre", así que entre mis oraciones le dije al padre:

- Padre, estoy siendo obediente, estoy evitando juzgar, pero hay algo aquí que no está bien, no me siento del todo cómoda, algo pasa y no sé qué es, por favor muéstrame lo que está escondido.

Pasaron dos semanas más, la relación era buena, mucho compañerismo y buenas charlas, pero algo no terminaba de cerrarme. Entre tanto yo me había comprado un auto "0 kilómetro" y al lado de su "camionetita pobre", todos los días veía los focos rojos de "alerta", "alerta", "alerta", pero, no las escuchaba.

Un buen día, estábamos en mi oficina y él estaba en una video conferencia, suena su teléfono y me lo pasa para que conteste, contesté y al colgar veo el ícono del WhatsApp, ¡obviamente! ¡por supuesto! abro el WhatsApp, y sí, es una invasión a su privacidad, pero mi instinto fue más fuerte que mi respeto así que mi dedo se desliza hasta el ícono y lo abro, veo la foto de una mujer y abro la conversación.

Era un poema de amor que ella le enviaba a él, así que empiezo a leer todo desde por lo menos unos días atrás, él también le había enviado poemas de amor, se estaban cortejando vía poemas y mensajes de "te extraño", "te amo" y todo el discurso amoroso del cortejo. ¡TRAICIÓN!, nuevamente traición, o sea… ¿Qué?

Camino hacia él con el teléfono en la mano, ¿con una sonrisa irónica, le digo quién es "Fulanita de tal?", y me dice es mi ex. Entonces le muestro la conversación y le digo:

- He abierto tu WhatsApp, sabía que algo tenías escondido, vos me lo pusiste en mi mano.

Me dijo que su ex le seguía insistiendo en volver, que cuando vio que él tenía una relación en serio, ella se volvió loca y un montón más de mentiras. Yo lo miraba y me decía a mí misma:

- ¿Cuál será el futuro de este pobre hombre? Mentiroso, manipulador, viejo y quebrado.

¿Se imaginan con una enfermedad? Fui hasta la puerta, la abrí y con la mano lo invité a salir. El salió en silencio, con la cabeza hacia abajo.

No, no sentí rabia, solo una gran decepción conmigo misma por haber querido creer en sus sueños, tuve que ser honesta conmigo misma, aceptar que sí, definitivamente anhelaba un amor de verdad, compartir mi vida con alguien, tener una relación de compromiso, enamorarme y que se enamoren de mí.

Fue duro aceptar que no soy autosuficiente, que no puedo hacerlo todo yo sola. Aceptar que mi cama cada día se hace más grande dentro de mi soledad.

Me siento muy bien conmigo misma, soy una buena compañera de viaje para mi espíritu, y no me hago drama si no encuentro a esa persona que es para mí, pero me da tristeza. Sé que esa persona existe, lo que no sé es ¿dónde está? y tampoco sé si yo estoy lista para ser la esposa de alguien.

Me di cuenta que mi anhelo era inmenso a tal punto de aceptar a este "vendedor de humos", me colgué de sus sueños, de mi deseo de construir una vida, de compartir propósitos y me vendí esa creencia de:

- "Los príncipes azules no existen, uno mismo debe construirse uno".

Aunque suena lógico, no es verdad. Siempre he pensado que, si yo existo, sin duda existe alguien perfecto para mí, "mi segundo esposo sí existe". Y volví a preguntar a Dios:

- ¿Qué pasa conmigo?, ¿qué tengo mal?

A todo esto, no es que yo sea rica o millonaria, es más, mi economía es frágil, y aún tengo deudas, pero quiero cambiar mi historia, quiero cortar con ese legado de sacrificio, drama, falta de recursos y deudas. Debo cambiar mi historia para que la historia de mis hijos también cambie.

Aprendí que el tema del dinero es un reflejo de tu estado espiritual y emocional, el dinero es un instrumento y son tus sistemas de creencias los que influyen en las decisiones que tomas en relación al dinero. Mis números habían mejorado, pero aún tenía muchas deudas, tenía que seguir.

"El vendedor de humos", venía todos los días a mi oficina con flores, entraba como si fuera el dueño, "es un descarado", es decir, "no tiene vergüenza de nada", tiene un gran talento nato para vender y tiene un inmenso carisma y una gran personalidad, solo que está muy dañado por dentro y solo él a través de Dios puede entender lo que tiene y superarlo.

Ese hombre ya no es más mi tema.

Me di cuenta de su daño en este proceso de querer reconquistarme, y me vi reflejada en él. La buena noticia es que tuve la capacidad de darme cuenta, pero la cruda realidad era que mi daño seguía allí, si yo lo había aceptado en mi vida, es que mi daño era más grande del que yo pensaba.

Estas idas y venidas del hombre duraron una semana, hasta que me senté con él y le dije:

- Debes olvidarme, y no pidas que te perdone, no tengo nada que perdonar, todo está bien, no tengo enojo ni rabia, la ofensa y la mentira no ha sido hacia mí. Eres tú quien tiene que responder la pregunta de cuáles fueron los motivos de que teniendo un compromiso y queriendo construir algo, estabas enganchado con otra persona, yo no tengo la respuesta y no me toca a mí hacer esa reflexión y aprendizaje. Esta historia tuya y mía ya terminó, ya pasó, ya no existe.

Le costó entender, finalmente las visitas pararon y de vez en cuando escribe para preguntar como estoy, yo simplemente no respondo. Fin de la historia.

Capítulo 16
"De nuevo sola"
Construyendo pilares

"En tres palabras puedo resumir todo lo que he aprendido acerca de la vida: Continúa hacia adelante".
(Robert Frost)

Y ahí estaba yo, de nuevo sola, de nuevo engañada, de nuevo sintiéndome como que no valgo nada, no merezco nada y que nunca me pasarán cosas buenas. No, no es depresión, es enojo, un gran enojo con todo.

Tomé la gran decisión, no voy a tener ninguna relación con nadie hasta que yo no esté segura de que mis monstruos internos están controlados, finalmente no necesito de nada ni de nadie, yo puedo sola.

Siempre mantuve a mis hijos lejos de estas historias, tengo como política no llevar ningún hombre a mi casa a no ser que yo esté completamente segura que esa relación tiene futuro.

¿Hasta ahora ninguna relación seria verdad?

Llevar un hombre a mi casa significa "solo de visita". Desde que me divorcié, ningún hombre ha dormido en mi casa o en mi cama, mi casa es sagrada, es la casa de mis hijos. Tengo políticas claras, nadie duerme fuera de casa, no se bebe alcohol, por lo tanto, no hay bar en la casa, drogas ni pensarlo, fumar imposible, las puertas de los dormitorios siempre abiertas y si durante la noche estamos en una fiesta, reunión o algo, tenemos nuestro protocolo de seguridad. Siempre decimos dónde vamos, con quién vamos y hasta qué hora estaremos. Si mis hijos no llegan a la hora acordada yo estoy llamando y si no contestan saben que voy a buscarlos; y por supuesto groserías, malas palabras o vulgaridades jamás.

Estas políticas no son negociables, ni discutibles. Son inamovibles, y por supuesto la primera persona que debe cumplir soy yo.

Estaba muy enojada conmigo misma y le reclamaba todos los días a Dios, las incoherencias entre lo que él decía en su palabra y lo que yo estaba viviendo.

Nuevamente le dije a Dios:

- Creo en ti, pero no te entiendo, quiero creer que todo esto tiene un propósito, pero de verdad que no me hace sentido nada.

Así que, seguí con mi plan de vida. Dentro de mi método, está el construir el credo personal, aquí se los comparto:

- "Creo que merezco la vida, una buena vida, productiva, estable e íntegra; una buena salud, con regeneración celular diaria, merezco ser amada y poder amar, merezco mi segundo esposo en perfecta coherencia con mi ser y yo con la de él, merezco ser billonaria, en perfecta paz y armonía con el todo, merezco un entorno social, económico, geográfico, político que me permita crecer expandirme y dejar mi legado para el mundo."

Y aquí les dejo mi proyecto de vida según mi método respondiendo las siguientes preguntas:

1.- ¿Quién soy? Una hija de Dios, medio olvidada por él, pero sigo siendo su hija. Sí soy la hija del dueño, tengo autoridad y poder, por tanto, soy autoridad, soy comunicación, soy transformación, soy influencia. Tengo identidad.

2.- ¿Qué soy? Soy una transformadora de vidas, tanto de empresas como de personas, tengo el talento de la palabra y la usaré para transformar empresas y personas desde reconocer y asumir su identidad. Soy hija de Dios, soy madre, soy esposa, soy familia, soy joven, soy salud, soy paz, soy billonaria, soy buena influencia para que las personas puedan encontrar su identidad.

3.- ¿Qué quiero? Ayudar a las empresas y personas a evolucionar, para que puedan alcanzar sus propósitos a través de sus talentos. Para ello quiero vivir en Estados Unidos porque desde allí me conectaré con el mundo, quiero tener un billón de dólares para poder fundar mi universidad y poder fundar un sistema de cadena de transformación. Quiero que mi segundo esposo sea un hombre maduro en los valores cristianos, seguro de sí mismo, un hombre a quien yo pueda admirar, con quien estemos perdidamente enamorados el uno con el otro; alto, guapote, inteligente y sabio por supuesto. No, no millonario, los billones los haremos juntos. Para ello debo estar viva, sana, joven, atlética, inteligente, sabia y enfocada.

4.- ¿Hacia dónde voy? A cumplir el propósito de ayudar a evolucionar a las personas, antes primero debo evolucionar yo.

5.- ¿Para qué voy? Para irme en paz, cuando Dios me lleve de nuevo a casa. No quiero irme con pendientes. Voy a estar estable en todo sentido, contenida, protegida, amada, y proyectada.

Así, ¡Aja!, ¿parece una poesía no? pero no, ¡es autodeterminación!

Capítulo 17
"Mi libertad de decisión"
Mis prioridades y decisiones

" Hay que moverse por prioridades, ese es el secreto del dominio del tiempo".
(Robin Sharma)

Entonces, dándole forma a mi método y tomando como guía lo que las empresas hacen, ordené mis decisiones por prioridades. Mi mayor prioridad era mi paz, no quería más ruidos o estorbos en mi camino. Así que armé una lista de prioridades y decisiones. Las escribo en presente, una acción de recordar un futuro que ya es un presente.

- Paso No. 1. No tengo ninguna relación amorosa con nadie a no ser que sea con mi segundo esposo. No tengo ninguna relación amorosa en mi país, hasta que no esté en Estados Unidos. Mi siguiente relación es con el que es mi segundo esposo. Es un hombre maduro en la fe cristiana, sano emocionalmente, con quien tenemos el mismo norte y propósito. Físicamente es más alto que yo, guapo, sano. Pido a Dios tener los ojos para reconocerlo.

- Paso 2.- Transformo mis servicios en productos, están digitalizados y automatizados, vendo por

Internet con números de más de nueve cifras. Tengo clientes alrededor del mundo.

- Paso 3.- Peso 65 kilos y mi cuerpo está tonificado, atlético y sano y cada día mis células están regenerándose en copia fiel del original.
- Paso 4.- Mis libros están escritos, y traducidos en los idiomas del mundo, libros académicos y libros temáticos. Decreto que tengo la disciplina de escribir dos horas diarias.
- Paso 5.- Mi método EVOLUTION, está formalizado, validado e impactando a millones de personas.
- Paso 6.- Hasta donde mi mente me alcanza, entiendo a Dios, leo y estudio La Biblia. Soy y estoy disciplinada en organizar y priorizar mi tiempo para conocer y entender a Dios.

Lo escribí en un papel y empecé a aplicar de nuevo mi método en mí misma, también empecé a validar el método "Evolution" con amigos que aceptaron ser mis conejillos de india y resultó ser una maravilla, es una metodología con resultados inmediatos.

Capítulo 18
"El mensajero"
La paradoja del destino

"Si nada nos salva de la muerte, al menos que el amor nos salve de la vida".
(Pablo Neruda)

Habían pasado varios meses, quizás un año, estaba totalmente enfocada, repitiendo todos los días mi propósito y revisando y ajustando mis planes, sin embargo, todo avanzaba muy lento; a todo esto, mi país como siempre haciendo las cosas muy difíciles, crisis de todo tipo, las empresas pagando menos, mis colegas regalando su trabajo para sobrevivir y yo inventándome un mundo para poder pagar las universidades de mis hijos, sus gastos y sus gustos.

A todo esto, uno de mis hijos terminando la universidad y el otro empezando, tener dos jóvenes universitarios es una misión de alto costo financiero y enfoque emocional, exige una total concentración, creo que es cuando los hijos están en mayor riesgo, exigen libertad e independencia, deben experimentar la libertad y la vida, sin embargo, todavía son tan vulnerables.

Entre los 18 y 25 años son tan vulnerables como cuando niños, cada hijo me significaba mensualmente mucho dinero. Siempre les he dado lo mejor, las mejores condiciones de vida, de salud, de estudio y siempre he buscado abrirles oportunidades para que vuelen por el mundo, que puedan desarrollar todo su potencial, pero sobre todo que ellos sean dueños de ellos mismos libres de las historias de sus padres.

¿El padre dónde estaba?; emocionalmente estaba cerca de ellos, pero económicamente seguía aportando lo que decía nuestro acuerdo de divorcio, que a estas alturas ya significaba como el 1% de sus gastos, pero estaba bien, yo lo había aceptado así, lo más importante era la salud mental y emocional de nuestros hijos y que puedan sentir que su padre estaba para ellos.

La falta de la figura paterna en los hijos es un desastre, yo, como hija de una amante con un padre que tenía otra familia, conocía de primera mano la destrucción que causa eso. El padre de mis hijos es sagrado porque mis hijos son sagrados. Todo el enojo que he tenido hacia el padre de mis hijos es nada, en comparación del inmenso amor hacia mis hijos y sobre todo de la gran responsabilidad que Dios puso en mis manos al permitirme ser madre.

Realmente vivía en un estado de tensión permanente, bien administrado, pero muy presionada por los compromisos de pagos. Soy competitiva, no me dejo vencer por mí misma, pero uno se cansa de estar luchando todo el tiempo. Seguía con mi proceso, aplicando mi método, pero no funcionaba, no veía los resultados que yo quería. Uno de esos días negros, donde solo la voluntad es la que te levanta de la cama, recibí una llamada de teléfono.

Cuanto tenía veinte años, tuve un novio que había olvidado, fue como una semana, todo muy bonito, pero solo duró una semana porque él no volvió jamás; recuerdo que fue a mi casa un sábado, nos despedimos muy normal para vernos al siguiente día y no apareció más y nunca más supe de él.

¿Que si yo lo llamé o busqué?, no, yo no busco ni ruego a nadie, el que quiera quedarse y si yo quiero, se queda. El que se va, se fue y punto. Pues la llamada que recibí era él. Me dijo:

- Soy "Menganito", nunca te he olvidado, siempre pienso en vos, mis padres me llevaron a Estados Unidos y recién he podido volver, necesito verte urgente, hoy, tiene que ser hoy, necesito verte.

A ver…, ¿cómo es que aparece después de más de 30 años? y ¿está desesperado por verme? Le dije:

- Ok, si es así de urgente, esta es la dirección de mi oficina, puedes venir al medio día, te espero.

Llegó en una gran moto deportiva, un hombre en sus cincuenta años, seguía guapo, interesante. Entró en mi oficina, vino directamente y me dio un abrazo inmenso, con muchísimo cariño, con mucho amor. Yo en estado de incógnita, observando y tratando de entender.

Hablamos largo, me explicó que ese mismo sábado, sus padres le dijeron que tenían que viajar al siguiente día, es decir el día domingo, entonces no pudo despedirse y desde entonces siempre me recordaba, estaba divorciado y, deseaba empezar a conocernos nuevamente; tenía planificado quedarse en el país. Después de hablar un rato, me dijo que salgamos a cenar esa misma noche. Yo solo lo miraba, veía a un hombre como todos "con historia", "con pasado", trataba de entender de qué se trataba todo eso, qué era lo que no estaba viendo.

A estas alturas el no tener una pareja, ya no era un tema para mí, ya ni pensaba en ello, estaba enfocada en fortalecer mi paz, terminar de apoyar en su formación a mis hijos y que vuelen solos, tener sanidad económica y financiera, vida, salud y tenerme a mí misma; me sentía muy bien conmigo misma, estaba en este proceso de autoconocimiento, estaba aprendiendo muchísimo, descubriendo el mundo de la mente, del espíritu, y de pronto aparece este amigo con este discurso que llama mi atención.

Por supuesto que acepté su invitación, tenía que ver qué había detrás de toda esta historia. Lo acompañé hasta la calle, subió a su motocicleta y nuevamente se bajó, vino directo hacía mí, me dio un beso en la boca, así directo, robado, a la mala, yo petrificada, mi actitud era de observadora y me dijo:

- Eres una mujer increíble, eres hermosa, vales muchísimo, te merece lo mejor que esta vida te pueda dar, siempre recuerda que vales mucho, eres única, eres especial. Recuérdalo siempre, te veo en la noche. - y se fue.

Bueno, besada en plena calle, con una cita a las ocho de la noche y con esta gran incógnita en relación a lo que este hombre quería. Miles de cosas se pasaron por mi cabeza las mismas que evalué. Las opciones que tenía eran:

- 1.- Que quiere un revolcón de los buenos, nunca estuvimos juntos en la intimidad y tampoco era que me atraía, así como para perder la cabeza. El hombre estaba bien, presentable, simpático, pero no alcanzaba para perder la cabeza.
- 2.- Que quiere tener alguien con quien pasar el rato mientras está aquí.
- 3.- Que realmente quiere empezar una relación con futuro.
- 4.- Que no sabe lo que quiere y busca una psicóloga gratis con postre incluido. Bueno veremos qué quiere, lo escucharemos.

Yo estaba clara, "el próximo hombre en mi vida sería mi segundo esposo", y él no encajaba para nada con mis requisitos, pero está bien salir y hablar con alguien. Lo que más me intrigaba era la urgencia de verme, la urgencia de ir a buscarme en ese momento, en ese mismo día.

Yo estaba orgullosa de mi reacción ante estas insinuaciones, en mi anterior yo, hubiera creado grandes expectativas, soñando que era el indicado, pero no, resulta que a medida que me entiendo y entiendo las razones por las cuales he actuado como he actuado, sentido como sentía, me voy liberando poco a poco de conductas emocionales, condicionadas por sistemas de creencias que no son míos y que no me sirven para alcanzar lo que yo quiero.

La cita era a las ocho de la noche, terminé mi día tipo seis de la tarde para tener tiempo de prepararme, una de las cosas bonitas de las citas, es todo el proceso de preproducción, no deja de ser emocionante "tener una cita"; eran las ocho y yo, ya estaba lista, estaba como nerviosa y no sabía por qué, me puse a arreglar mi ropa para hacer algo mientras esperaba. Ocho, ocho y quince, nada, ocho y treinta nada, ocho cuarenta y cinco, nada; un retraso de cuarenta y cinco minutos, después de tanta urgencia, no era normal. Miré su teléfono, no estaba conectado, encendí el televisor y me puse a mirar una película, eran las nueve y treinta y nada.

El hombre no vino, ¡Aja!, nuevamente. La verdad no me molesté, no tenía expectativas, pero me preguntaba:

- ¿Cuál es la necesidad de tanto alboroto para nada?

¿Cuál es la necesidad de tomar el tiempo de otras personas y hacer esto? - Pero la verdadera pregunta era: ¿para qué yo acepté?

En esta situación fui más benevolente conmigo misma, me dije:

- Bueno, es parte del riesgo, ¡Dios lo bendiga!

Seguí mirando la película. Me había quedado dormida, así, vestida, de pronto me desperté sobresaltada, miré mi celular para ver si tenía una llamada del hombre y nada, vi que seguía sin conexión. Por inercia ingresé a mi Facebook, y una amiga que teníamos en común posteó una frase:

- "Vuela alto amigo Fulanito de tal"

¿Qué? ¿Cómo que vuela alto?

Ingresé a los comentarios y fui a su perfil. A las seis de la tarde, a la hora que yo había dejado de trabajar para arreglarme, él había tenido un accidente con su moto, se metió debajo de un camión volviendo a su casa y murió.

- ¡O sea! ¡Dios a qué juegas! ¡qué es esto!

Por demás está decirles que me puse a llorar, y agradecer porque me trajo un mensaje:

"Eres una mujer increíble, eres hermosa, vales muchísimo, te merece lo mejor que esta vida te pueda dar, siempre recuerda que vales mucho, eres única, eres especial. Recuérdalo siempre".

Entonces, ¿qué pasa conmigo?, ¿qué no estoy viendo?, ¿es tan grande el amor de Dios hacía mí que hace estas cosas? Elevé una oración y le dije a Dios:

- Ayúdame a ver lo que está escondido dentro mío que está evitando que yo me vea y me sienta como tú dices que soy.

Tuve que reconocer que no me sentía hermosa, estaba gorda, no podía con mi pelo, y, aunque nunca me importó, tuve que reconocer que no terminaba de sentirme bien conmigo misma.

Reconocí que siempre me sentí diferente, especial, nunca acepté al sistema y solo obedecía lo que mi consciencia me indicaba que estaba bien. Quizás por eso mi madre no aceptaba la hija que le tocó. No encajaba en el "deber ser", en mi inconsciente se había alojado una creencia de que algo estaba mal en mí, que siempre fui un estorbo, siempre fui un problema, nada de lo que yo hacía estaba bien, siempre estaba siendo criticada por todos.

Mi madre no me aceptaba como yo era, y era un problema para ella, yo no valía nada, por lo tanto, si no valgo nada, no merezco nada, si no mereces nada, está bien que tengas todas las cosas a medias o por último que no tengas nada.

Tuve que entender, aceptar y humildemente pedirme perdón, aunque ya tenía casi cincuenta años, y era la típica "luchona", "triunfadora en lo profesional", tenía reconocimiento social y profesional, aún seguía siendo esa niña traicionada por el padre, y rechazada por la madre, sin lugar, sin estructura, rota por dentro y desestructurada por fuera.

¡Hay que barbaridad! que difícil reconocerlo, me sentí desconectada del mundo, y el único lugar seguro era entrar en la mente de Dios para que desde sus ojos pueda ver cuál es el propósito de toda esta historia.

"Eres una mujer increíble, eres hermosa, vales muchísimo, te mereces lo mejor que esta vida te pueda dar, siempre recuerda que vales mucho, eres única, eres especial. Recuérdalo siempre". Resonaba en mi mente y me preguntaba:

- ¿Por qué razón, las otras personas veían en mi toda esta luz y yo no podía verla?

Soy única, soy especial, ¿qué significaba eso?

Capítulo 19
"El Pacto"
La promesa nace y muere

"El pacto más elevado que podemos hacer con otra persona es: que siempre haya verdad entre nosotros dos".
(Napoleon Hill)

Uno de los hombres que fue trascendental después de mi divorcio fue mi novio que conocí a los veinte años. Nos conocimos en la universidad, era mi compañero de clase, pero no era de mis amigos cercanos, la verdad que él era mayor que yo con tres años, aunque parecía mucho más grande; generalmente no coincidíamos en grupos de trabajo o amigos.

Un día no sé cómo él llega a una pequeña reunión que habíamos organizado con mis amigos más cercanos, él se acerca directamente a mí y me saluda con un beso, pero ese beso fue en la comisura de mi labio, no sé si lo hizo intencionalmente o fue un accidente, pero la conexión se dio en ese momento, se sentó al lado mío y empezamos a hablar, al final de la reunión me ofreció llevarme a casa, algo había sucedido en ese medio beso, obviamente yo acepté.

Los dos nos enamoramos perdidamente, éramos buenos amigos, buenos compañeros de vida, buenos en todo, una química única, así como una complicidad completa, fue una relación muy bonita y en la universidad éramos "la pareja", estudiábamos y trabajábamos juntos, fue una bonita relación de dos años.

Nuestra cercanía era tan profunda, que al cabo de un año ya hablamos de casarnos, lo haríamos cuando terminemos nuestra carrera, mientras tanto hicimos un "pacto gitano", no sé de dónde se le ocurrió esa idea, pero él me lo propuso y yo acepté. Yo estaba perdidamente enamorada de él. Ambos estábamos totalmente seguros que queríamos estar juntos por siempre. Imagínense ese pacto, ese "siempre" tiene impacto en la eternidad y es algo que desconocemos.

El ritual fue con todo, con velas, con flores, vino y sangre, así es, nos cortamos un poco las muñecas, lo suficiente para que derrame sangre y nos unimos en sangre bajo el pacto de que siempre estaríamos el uno para el otro, independiente de lo que pase en nuestro futuro, siempre el uno contaría con el otro; si algún día nos separáramos y estuviéramos con otra persona, siempre tendríamos este pacto secreto, un lugar seguro para refugiarnos.

Era tan profunda la relación que él llegaba a casa a la hora que quería, sin avisar, mi madre siempre tenía un plato para él, llegaba a casa como su casa, no necesariamente para verme a mí, él ya era familia, el detalle que ahora veo, es que no pasaba lo mismo con su casa, yo había ido algunas veces, pero la cercanía con su familia no era la misma.

Yo estaba tan metida en la relación que no me daba cuenta, tanto era su "no sé qué" conmigo, ahora veo que era control; tanto así, que instaló una línea privada de teléfono en mi dormitorio, para llamarme a la hora que él quería.

Cuando me dejaba en casa y él seguía de fiesta con sus amigos me llamaba a las dos de la mañana para decirme que ya estaba llegando a su casa y que estaba bien y sí, estaba borracho. Pero ¿saben qué?, eso, yo lo interpretaba como "me ama mucho", yo le permitía todo, estaba perdida por él.

Un sábado, llegó temprano a casa a desayunar, como cada sábado, después de desayunar todos juntos, mi madre, mi padre, mi hermanito y yo, él me dijo:

- Quiero hablar con vos.

Fuimos a mi dormitorio y me dijo que me amaba, que siempre me amaría, que nuestro pacto era eterno, pero que no estaba listo para asumir el compromiso del matrimonio, el siguiente paso de nuestra relación era el matrimonio y él me dice que no estaba listo y que no quería hacerme daño, me dio un beso en la frente, se despidió de mis padres y se fue.

Yo me quedé sentada en mi cama sin reaccionar, estaba en shock, no tenía cómo entender que esa persona que completaba mi vida, ya no estaba, que me estaba "dejando", "abandonando", o sea "no entendía".

Ese fin de semana me la pasé durmiendo, dormir es mi mejor medicina.

El lunes fui a trabajar y en la noche a mi universidad, yo era un zombie, todavía no sabía cómo reaccionar, solo hacía las cosas en automático, no había llorado, no había reaccionado, nada, quedé en blanco.

Esa noche en la universidad, entré al curso y por la ventana lo vi pasar de la mano de una chica que estaba en primer semestre y que además era modelo de televisión.

Al igual que yo, todos los vieron; toda la universidad nos conocía como una pareja y ahora, ¿con otra? ahí lo entendí todo, le pedí a un amigo mío que me llevara a mi casa, esa noche obviamente no pude terminar mi clase.

Dicho sea de paso, yo trabajaba de día en una agencia de publicidad y estudiaba mi carrera por la noche, yo siempre he pagado mis cosas, he sido auto suficiente desde muy joven.

Camino a casa, me deshice en llanto, mi amigo solo me miraba y me escuchaba, llegando a casa me metí a mi cuarto y no sé a qué hora me dormí, al siguiente día tenía que viajar por trabajo, así que tampoco fui a la universidad.

Mi amor propio me levantó, el amor por mi trabajo me mantuvo a flote y mi propósito de terminar mi carrera me impulsaba asistir a la universidad. Verlo con otra me partía el alma, yo lo amaba.

Me sentía muy sola, en ese entonces mi padre había enfermado de cáncer, esta enfermedad lo consumió en seis meses. Como les dije, mi madre era enfermera y en ese entonces doblaba turnos, en realidad lo hizo siempre y ahora además cuidando a mi padre, ella no estaba mucho en casa, por esta razón me hacía cargo de mi hermanito.

Yo trabajaba en una agencia de publicidad y cuando mi hermanito salía del colegio, se reunía conmigo en la agencia y almorzábamos en algún lugar cerca, se quedaba conmigo toda la tarde; cuando salía para la universidad lo dejaba en casa y los fines de semana éramos solo los dos.

Debo reconocer que mientras escribo este capítulo, veo el inmenso esfuerzo que mi madre hacía por mantenernos y la razón por la que ella me dijo que no podía pagarme una universidad privada. Yo siempre sentí que ella no quería ayudarme, pero la realidad era que ella no tenía cómo, yo pagué mi universidad, pero el hecho de que mi madre no lo pagará, lo interpretaba como rechazo y eso era algo normal en mi vida, solo era un rechazo más de mi madre.

A mi novio que conocí a los veinte años, tenía que verlo todos los días, e inclusive teníamos algunos trabajos de la universidad juntos. Por fuera yo estaba bien, fuerte y feliz, pero por dentro, no tenía idea qué me estaba pasando por dentro, eran muchas batallas al mismo tiempo.

A los dos meses ellos habían terminado, él quiso volver conmigo, pero yo ya estaba en otra onda, es decir, mi corazón estaba tan roto, que volver con él me haría más daño. Lo que él había hecho era traición, aunque vino y pidió terminar la relación, el hecho que él estuviera a los dos días con otra mujer, significaba "traición", además mi amor propio no me lo permitía, estaba enamorada, pero el amor propio que tengo evitó que vuelva con él.

Yo le pedí un tiempo para decidir qué hacer y a pesar que era inevitable no verlo, poco a poco me fui distanciando, pero de alguna manera seguíamos juntos. Si él tenía algún problema o una decisión importante, la primera persona a quien llamaba era a mí y de igual manera yo lo llamaba a él, por lo menos me llamaba unas dos veces a la semana para preguntarme cómo estaba.

Nos transformamos en los mejores amigos y confidentes, yo sabía todo de él y él sabía todo de mí.

A los cinco años y después de unos dos novios sin pena ni gloria, me casé con el padre de mis hijos, él no pertenecía a mi círculo social ni de trabajo, nadie lo conocía, mi última materia en la universidad la vencí en diciembre y me casé en marzo del siguiente año, quince días antes del matrimonio envié las invitaciones.

A mi novio confidente no le había contado nada, él me llamó y se ofendió porque él no sabía de la existencia de la persona con la que me casaría en 15 días.

Empezó una persecución, cada día me llamaba y me decía que por favor no me case, que esa persona no era para mí, que lo escuche, que se había dedicado a investigarlo y era un don nadie, que estaría arruinando mi vida.

Con el padre de mis hijos fue amor a primera vista, yo no tenía ninguna duda, quizás no veía algunas cosas, pero esta ya es otra historia.

El día de mi matrimonio, todos mis compañeros estaban allí, yo soy muy amiguera y sociable, todos estaban en la iglesia, no sé si porque no lo creían o porque me querían, yo creo que era cariño.

Pues este mi noviecito que tuve a mis 20 años, apareció en la iglesia, borracho, venía a impedir el matrimonio, mis compañeros lo encerraron en un auto. Yo no vi ese episodio, pero mis compañeros me contaron que estaba fuera de la iglesia diciendo que me amaba y que yo no debería casarme, inevitablemente, los que vieron esa escena luego le contaron al padre de mis hijos.

A los pocos años, él también se casó, su matrimonio se mantuvo muy poco, quizás dos años, yo estuve casada por 12 años. La primera etapa de mi matrimonio mantuve lejos a mi amigo confidente, sin contacto alguno, sin embargo, cuando ya estaba en la crisis del divorcio lo busqué, la verdad que se portó muy bien, nuestra amistad era profunda y sobre todo podíamos confiar el uno en el otro.

Los primeros 10 años después de mi divorcio él siempre estuvo presente en mi vida y yo en la de él, sin embargo, volver a ser pareja no era posible, ya habíamos superado esa barrera, además él no quería ninguna relación de compromiso, creo que nunca la quiso y yo soy una persona de compromiso.

Después de tantos amores fallidos míos y también de parte de él, un día nos sentamos a analizar y recordamos nuestro pacto, él creía que eso había afectado todas nuestras relaciones y aunque obviamente era parte de la verdad, la realidad era que lo que más nos afecta son las creencias incrustadas en nuestros inconscientes y las heridas en el corazón, heredadas o nuestras.

Decidimos deshacer el pacto, cada uno nos escribimos una carta de agradecimiento por habernos acompañado todo este gran tiempo y liberando todo pacto realizado en el pasado. Fuimos a un río cerca de la ciudad, quemamos las cartas y cada uno con nuestra copa de vino nos dijimos:

- Te libero de todo pacto y conexión que tienes en mi sangre y en mi alma.

Aunque no lo crean, después de esa "despactación jajaja" (deshacer el pacto), poco a poco nos alejamos, ahora es parte de mi historia, pero ya no forma parte de mi vida.

Capítulo 20
"Lo más peligroso en mi vida fue la relación con mi madre"
Las raíces de mis ancestros

"Vuelve a la raíz y encontrarás el significado".
(Sengcan)

Las palabras de mi madre, pero sobre todo su mirada, se hacían más presentes y más intensas en mis recuerdos, la mirada de desaprobación, inclusive de envidia. Recuerdo que un día le dije, que ya lo tenía todo; tenía mi empresa, mis hijos, mi esposo, mi familia, que de aquí en adelante solo era crecer, ella no se alegró, el gesto en su rostro era de envidia; "ella no sabía cómo ser feliz con mi felicidad".

Aprendí a mantener distancia emocional de mi madre, a cuidarme de sus palabras y a calcular matemáticamente lo que yo decía. Finalmente prefería que ella no tenga información de mi vida, era peligrosa para mí, lo más peligroso de mi vida, fue la relación con mi madre.

A estas alturas, ella ya estaba en sus setenta años, y aunque muy sana e íntegra, empecé a sentirla más vulnerable, el peso de los años, la ponían frente a su realidad y yo me encontraba frente a la mía.

Ella no tenía a nadie más que yo; mi hermanito se fue a los Estados Unidos a los veinte años, mi madre no tenía a quién más recurrir, únicamente a mí, aunque se refugiaba en sus sobrinos, la responsable legal era yo. Mamá era una mujer muy amada por todos y muy buena con todos, muy servicial y empática, sin embargo, era muy distinta conmigo.

En mi desesperada búsqueda de respuestas a mis preguntas, aprendí sobre constelaciones familiares y ya había hecho un curso sobre sendas antiguas en mi iglesia, toda esa información me ayudó a separar su condición emocional de su rol de madre.

Entendí que todo el daño que ella tenía en su alma, era resultado del abandono de su madre y de haber crecido en un lugar sin lugar, es decir como una "arrimada" en una familia además desestructurada. Mi abuelo raptó a mi madre cuando ella tenía dos añitos, esperando que mi abuela retorne con él, pero no fue así. El resultado fue que mi abuelo dejó a mi madre con su madre que ya estaba grande; y que además estaba criando a otros cuatro niños de mi abuelo que habían quedado sin madre. Mi abuelo era viudo de cuarenta años cuando se casó nuevamente con mi abuela que tenía diecinueve años.

Miren este cuadro, una mujer grande, no sé cuántos años, asumo que entre cincuenta a sesenta años (la abuela de mi madre por parte de padre) criando cinco nietos, todos entre los dos y siete años, además de otros sobrinos que por temporadas también eran entregados en sus manos para ser cuidados. Mi madre creció con muchas carencias económicas y emocionales al igual que mi padre.

Cuando la veo desde esta perspectiva, entiendo que mi madre no sabía cómo querer a una hija, sus heridas eran tan grandes que, a pesar de eso, tuvo dos hijos, hizo una buena familia, fue una muy buena profesional, pero sobre todo su don de servicio siempre estuvo intacto. Mamá al igual que papá tenía una gran alma de servicio.

Aprendí a separar el daño de su alma y pude entender que todo ese enojo que yo sentía de ella hacia mí, todo ese desamor y envidia, no se trataba de mí, era ella con su historia, aprendí a mantenerme lejos de sus emociones, pero cerca de sus necesidades. Yo siempre le decía:

- Jamás la voy a desamparar, siempre voy a estar ahí para usted, pero no me pida que me conecte emocionalmente con usted, me he alejado tanto que ya no sé cómo encontrarme.

Yo soy muy clara, directa, generalmente muy fría ante la realidad. La realidad es lo que es, no lo que uno desea. Al desconectarme emocionalmente de ella, pude ver todo su sacrificio, toda su capacidad profesional, personal y pude entender su amor y aceptar esa clase de amor que ella tenía hacía mí. Pude reconocer a mi madre en mí misma, yo tengo muchas de sus características, es más me parezco a ella y lo más liberador fue entender que ese sentimiento de abandono, esa sensación de no valía, ese sentimiento de no pertenecer, de no ser; no era mío, era de mi madre, de mis abuelos y de quién sabe la cantidad de daños generacionales. Entender que, aunque sabía que esos sentimientos no eran míos, eran una cicatriz que existe y que cuando se toca aún duele.

Mi padre tenía los mismos daños que mi madre, niño abandonado por la madre, criado por la madrastra, entre otros hermanos, siendo lo más grave, cuando la madre lo buscó y lo llevó a vivir con ella, lo manipulaba a su antojo. Ambos tenían las mismas heridas, abandono, rechazo, carencias, y por supuesto yo los había heredado.

Entendí que aún tenía mucho por entender, asumir y no tenía nada que sanar, porque no estaba enferma, yo no estaba enferma, tenía en mi alma cosas que no eran mías, entonces, ¿cómo lo hacía? cómo se deja de ser para renacer?

Volví a revisar mis propósitos, volví a revisar mi diagnóstico, y replanteé mis objetivos. Sabía lo que tenía que hacer, pero no sabía cómo.

Como les dije al inicio de este libro, nunca me he sentido cómoda en este mundo, nunca me he sentido cómoda en mi casa, ni de niña ni de grande, solo me siento cómoda dentro de mí misma.

Cuando me divorcié tuve que volver a casa de mi madre con mis dos hijos, quebrada y más perdida que nunca, solo quería salir escapando de mi país, escapar de mi realidad, alejarme de todo.

Capítulo 21
"La migración"
Comenzar de nuevo

*"Para poder seguir tengo que empezar
todo de nuevo".*
(León Gieco)

A todo esto, mi hermanito ya vivía años en Estados Unidos y él siempre me decía: "deberías venirte aquí". Yo seguía orando, en realidad mis oraciones eran reclamos a Dios, conversaciones dramáticas, me despertaba diciendo:

- "Dios" "Dios" "Dios".

Todo el día hablaba con él, todo el día le reclamaba, le decía:

- A ver, explícame lo que estoy viviendo, ¿en qué parte cuadra esto en tu promesa?, muéstrame dónde está tu coherencia entre lo que dices y lo que vivo, dime qué quieres, habla claro, es tu responsabilidad que yo te entienda, soy tu hija, eres tú quien tiene que hacerse entender.

La pregunta constante era:

- ¿Qué quieres de mí?, ¿dónde quieres que me quede?, ¿debo irme de Bolivia? y si es así, ¿dónde quieres que yo vaya?, háblame Dios.

Yo creo que por cansancio Dios me escuchó. La casa donde yo vivía quedaba a unas cuadras de un supermercado, podía ir a pie, pero tenía que caminar una cuadra oscura. Una noche necesitaba ir al supermercado por algo que uno de mis hijos necesitaba, así que me fui caminando y como siempre hablando con Dios.

- ¿Qué quieres de mí?, ¿dónde quieres que me quede?

Mientras caminaba hablando, justo en esa cuadra oscura, vi que algo brillaba en el piso, ¡sí!, brillaba en la oscuridad, no había luz, me agaché para recoger y era una vieja moneda de 25 centavos de dólar (quarter). El mensaje fue claro para mí. ¡Mi destino tenía que ser Estados Unidos! Miren este detalle, era una moneda vieja, esas moneditas cafés de cobre "el quarter de dólar", además vieja llena de tierra, no había como brille, no había luz y esa moneda no tenía por dónde brillar. ¡Por fin!

- Gracias Dios, ahora si estamos hablando claro, bueno más o menos, ahora dime ¿cómo llego allá?

El día que encontré la moneda, empezó mi plan de migración hacia Estados Unidos, ¿a qué? ni idea, ¿cómo? no lo sé tampoco. Lo que tenía seguro era que tenía que moverme.

Finalmente, con cincuenta años cumplidos tenía claro que tenía que salir de mi país; cuando era niña quería escapar de mi casa, en mi adolescencia quería escapar de mi casa y de mí misma, mi alma solo quería "irse", no estar allí, mi realidad no era algo bueno. Cuando estuve casada, los primeros años puse todo de mi parte para quedarme y construir un lugar no solo para mí, sino también para mis hijos, obviamente junto al que era mi marido en esa época.

Después de doce años de estar casada, tuve que comprar mi libertad a un altísimo precio, tanto monetario como emocional y sobre todo de vida, ¡qué les digo!, salí de allí con más heridas de las que llegué y además con dos seres humanos que son toda mi vida. Este ha sido uno de los momentos más oscuros de mi vida, solo quería "escapar" pero no tenía cómo.

Dejé la lucha y paré para entender, como les he dicho, ese proceso me llevó años, hasta que por fin a mis cincuenta años lo entendí. No se trata de escapar o irse, se trataba de entender, adaptar y avanzar.

Cuando lo entendí, todos mis dolores y traumas empezaron a formar parte del paisaje, estaban ahí pero no estorbaban, no dolían, solo eran parte de mí.

Las razones por las que me quería ir de mi país ahora eran racionales, con lógica, mis hijos ya en proceso de terminar sus universidades y pensando en volar.

Yo pensaba sobre mi futuro, ¿quién seré yo a los 60 o 70?, ¿una vieja viviendo sola con mi perro?, ¿tomando café los fines de semana con otras viejas? ¿Hablando de lo mismo que hace 20 años?, ¿las mismas quejas?, que no hay dinero, que los políticos, que las enfermedades, quejándose de los hombres, por último ¿que ya no quedan hombres buenos?; ¡definitivamente no! ¡esa no sería mi realidad!

Gracias a Dios mi empresa seguía sobreviviendo, pero no le veía futuro, el techo de crecimiento de mi país es demasiado bajo, entendí que no había mercado ni sostenibilidad.

Habían pasado cinco años buscando la manera de migrar de manera legal, primero con la representación de una gran marca estadounidense, que no funcionó para Latinoamérica, después con la famosa Visa de Habilidades Especiales que tampoco funcionó, todo, una pérdida de tiempo y dinero.

Así que le dije a Dios:

- Bueno, como no te entiendo y no hay cómo me vaya, me quedaré aquí, no entiendo cuál es tu necesidad de jugar con la vida de las personas, poniéndole pensamientos, ilusiones y luego poniendo todos los obstáculos posibles.

Decidí, implementar una escuela de comunicación y marketing, un pequeño espacio con tres aulas y todo lo necesario para funcionar adecuadamente, era una unidad de negocio en mi empresa, todo estuvo listo en diciembre del año 2019, la inauguramos en enero del año 2020 y en marzo del mismo año, como saben, empezó la pandemia.

Mi escuela estuvo cerrada por un año y medio, tuve que vender todo y devolver la oficina, los ingresos que tenía, apenas alcanzaban para cubrir mis gastos personales.

Nuevamente tuve que achicarme y adaptarme a la realidad. En enero del año 2021 enfermé de Covid-19, sentí que moría, pero resulta que no. En mayo de ese mismo año, mi madre también se contagió, pero ella falleció.

En medio de todo este caos, no veía futuro para mi vida, ¿qué haría una mujer con más de cincuenta años en un país donde cada día la realidad se ponía más difícil? Una noche fui a un evento y me encontré con una amiga que no veía hace mucho tiempo, me comentó que se estaba yendo a vivir a Estados Unidos con una visa de estudiante, y aunque ya había decidido quedarme, me llamó la atención irme como estudiante.

Hablé con mi hermano sobre esta posibilidad y lo que me dijo fue:

- ¡Venite ya! no importa cómo, pero ¡venite ya! - Obviamente yo no viajaría sin papeles.

Busqué una universidad cerca de la casa de mi hermano, donde llegaría, y busqué contratos con clientes que me permitieran atenderles de manera remota.

Inicié el proceso de aplicación y la universidad me aceptó, con esto solicité la visa de estudiante y por fin me dieron una visa que me permitiría estar de manera legal en Estados Unidos.

Con 58 años, estaba lista para "irme", el sueño de toda mi vida, poder cambiar mi historia, dejar todo atrás, solo que ahora por los motivos correctos, era una expansión, no un escape.

Habían pasado casi diez años desde el momento en que me quedó claro que tenía que salir de mi país, durante ese tiempo, yo solo pensaba en la manera de cambiar mi realidad, no había espacio para nadie, no pensaba en casarme, o en conocer a alguien, mucho menos enamorarme, solo quería construir una estructura para mi ancianidad, quería escribir mis libros, este es el primero de muchos, por lo menos intentar levantar y honrar mi empresa que ha sobrevivido a un divorcio, al sistema socialista y a todas mis inseguridades, además de cumplir otro de mis sueños: "mi doctorado".

Mi vida estaba llena, completa, en paz, con la emoción y el susto de emprender un viaje donde no conoces el camino y sabes que tampoco puedes volver.

Quemé todos mis barcos, regalé y vendí cada uno de mis muebles, camas, mesas, absolutamente todo.

Yo vivía en un bonito y amplio departamento en una zona residencial de mi ciudad, lleno de grandes ventanales, mucha luz ¡extraño ese departamento!

El último día en mi ciudad, mi vuelo debía salir a las 11 de la noche, a las seis de la tarde yo estaba cerrando la puerta y me detuve, miré cada rincón vacío del que hasta ese día había sido mi departamento, fue un ritual de despedida de mi pasado, tal como ese lugar, mi pasado estaba limpio, no tenía nada que me encadenara al ayer.

Mi vuelo se retrasó siete horas, mientras esperaba en el aeropuerto, fui consciente que no tenía dónde volver, que mi viaje ya había empezado.

Llegué a los Estados Unidos con un retraso de ocho horas, en el aeropuerto me esperaba mi hermanito y mi cuñada. Un día antes de salir de mi país, el gobierno suspendió el uso del dólar, ni en efectivo ni en tarjeta, por lo que tuve que retirar el dinero de mi tarjeta y tratar de cambiarlo a dólar en el aeropuerto, cosa que no se pudo.

Aunque todo mi dinero ya estaba en Estados Unidos, el efectivo con el que llegué no alcanzaba a los 10 dólares.

Como saben, una cosa es la Visa que te dan y otra es el tiempo que el oficial de migración en el aeropuerto de entrada te permite estar, el tiempo que me dieron fueron de 5 años, aunque mi maestría era de dos años, estaba autorizada a estar 5 años, tiempo suficiente para poder desarrollar mi empresa. Finalmente estaba dándole gracias a Dios sin reclamos.

Mi hermanito y mi cuñada, viven en un departamento justo para ellos y mis dos sobrinos, ellos con todo su amor, adaptaron el living para que sea mi espacio, dormía en el sofá y mis cosas estaba en un roperito de tela en una esquina de ese departamento. Esa situación la hubiera podido interpretar de miles maneras, pero la verdad no sabía cómo sentirme y tampoco sabía que pasaría.

Llegué directo a clases y aunque tenía contratos activos con clientes en mi país, igual seguía realizando ofertas a otras empresas de mi país.

Empecé a participar de reuniones de contactos networking y me di cuenta que lo que tenía en mi empresa era bueno para mi país, pero no para el mundo, aquí no tenía nada y lo más importante, nadie me conocía.

Migrar es una experiencia que no se puede explicar, hay que vivirla. La emoción de lo nuevo se acaba a los seis meses, poco a poco uno se va dando cuenta de que no perteneces a ese lugar ni a las personas que te rodean. Toma tiempo que tu alma y tu piel se enteren que estás en otro lugar. Me ayudó muchísimo leer sobre "El síndrome del migrante", pero esto, será otra historia.

Capítulo 22
"Mi segundo esposo"
Renaciendo al amor

"El amor es el deseo de encontrar a la mitad perdida de nosotros mismos".
(Milan Kundera)

Tenía 60 años y estaba viviendo en un país que no era mío, con un idioma que aunque hablaba no era el mío, era una extraña en un lugar extraño, tenía que empezar de nuevo, solo que ahora sabía lo que quería.

Lo primero que hice fue contactar a las personas conocidas que ya vivían tiempo en Estados Unidos, todos me dijeron que migrar no es fácil, pero una de ellas me dijo:

- Estos son tus últimos años, la vejez sola es muy triste, busca un esposo, una buena persona, vos sos buena persona, te lo mereces".

Yo le respondí:

- Pero ¿dónde?, no conozco a nadie aquí y para salir a buscar, eso no es lo mío.

Ella me sugirió buscarlo en línea en sitios confiables, donde buenos hombres están buscando una esposa. Me sugirió un sitio cristiano, pero yo dije que no, no estaba loca para ir a buscar marido y mucho menos colgar mi foto para que todo mundo me vea, ¡no! ¿se imaginan?, estar como catálogo de oferta.

Todos los días me retumbaba en la cabeza, eso de que la vejez sola es muy triste, la verdad, ya no era de mi interés encontrar a alguien, tantos "bichos" habían entrado a mi vida y con tantas historias como les he contado que ya me daba hasta flojera.

Sin embargo, un día, terminando mis clases por la mañana, me decidí a investigar el sitio y sin pensar pagué la suscripción, colgué una foto y listo, veremos qué pasa. Voy a intentarlo, solo para decir "lo intenté", sin mayores esperanzas y ninguna dependencia.

Ese mismo día por la noche, ingresé de nuevo para ver qué pasaba, diez personas me habían dejado mensajes, desde que era hermosa, hasta que querían casarse conmigo, todos mensajes vacíos y desesperados, yo estaba orgullosa de mí misma porque pude identificar los mensajes típicos de quienes buscan aventura o sexo gratis, pero hubo uno que me llamó la atención, me decía:

- Tus ojos me están diciendo algo, creo que debemos conocernos.

Me dejó su teléfono y me pidió que por favor, "lo llame".

Esa misma noche cerré mi aplicación, quité mi foto y definitivamente yo no tenía la paciencia para estar respondiendo a cada mensaje que me parecía interesante.

Esto de buscar marido requería tiempo, era como hacer un trabajo. Generalmente yo no le tengo paciencia a la gente, estaba más enfocada en ver cómo haría para levantar mi empresa en este nuevo país.

Al siguiente día, le comenté a mi cuñada sobre la experiencia y la sugerencia de mi amiga de "buscar marido en internet", mi cuñada ratificó la idea de que la vejez sola no es buena y me instó en seguir insistiendo en el sitio, por lo menos que entre una vez más y le dé la oportunidad a alguien.

A los 3 días volví a entrar y ya tenía cerca de cincuenta mensajes, ni loca contestar a todos, leí cada uno de los mensajes, todos iguales, parecían "copy paste", pero llegué al mensaje que me había dicho que mis ojos le estaban hablando, me había dejado un segundo mensaje donde decía que, si volvía a ingresar por favor "lo llame", porque sentía en su corazón que deberíamos conocernos.

Mi cuñada anotó su teléfono y ese fue el fin de mi aventura de "buscar marido en la red", no tengo nada contra este mundo de citas por internet, pero se necesita tiempo y paciencia y eso yo no tengo, en fin.

Mi cuñada dejó el nombre de esta persona y su teléfono pegado en mi cuaderno, yo lo veía todos los días cuando empezaba clases, tardé una semana en llamarlo. Un lunes me levanté con esta inquietud en el corazón, quería llamarlo, pero dentro de mí una voz me decía:

- Cómo voy a llamar a un tipo que ni conozco y encima que no habla mi idioma.

Bueno, para resumir, lo llamé y le dije:

- Soy fulanita de tal, me has dejado tu teléfono en el sitio de cita…

No me dejó terminar y me dijo:

- He estado esperando tu llamada, gracias por llamar, pero debemos conocernos, ¿puedes tomar un café mañana por la tarde?

Era un americano de 66 años, viudo, profesional que estaba buscando una "relación seria" (así dicen todos) y que no hablaba español, así que le dije:

- Soy latina, acabo de llegar al país, no hablo muy bien el inglés, así que no sé si nos vamos a entender. Te estoy llamando por respeto a tu mensaje, pero no creo que podría funcionar, somos de diferentes culturas.

Él me respondió:

- No es problema, buscamos cómo solucionarlo.

Mi inglés no era malo, me hacía entender, pero solo lo básico y mal hablado.

Nos citamos en un café cerca de la casa de mi hermano, con mi cuñada armamos un plan, tipo espionaje, ella estaría cerca para cualquier cosa, estimamos que no pasaría de media hora o una hora como máximo.

Ese día me vestí lo más de normal, la verdad que nada especial, solo estaba cumpliendo con haberlo intentado, no tenía muchas expectativas, en realidad ninguna, ¿qué probabilidad habría de que sea la persona correcta?, ninguna; ¿tenía tiempo y condiciones para construir una relación? No. Yo estaba viviendo en la casa de mi hermano, durmiendo en su sofá, por ningún lado existía la posibilidad de empezar una relación. Mi plan era en dos años, una vez que esté establecida e independiente, empezar a pensar abrir la posibilidad de una relación.

Llegué al lugar y veo que este gringo grande y alto se acerca a mí y me llama por mi nombre, me sorprendió la familiaridad, naturalidad y nobleza de su saludo.

Lo que pensaba que duraría media hora o en el mejor de los casos una hora; les cuento que duró cuatro horas.

Soy de un país sudamericano y de una ciudad con muchísimo mestizaje, parezco latina, pero con rasgos raros, soy una mezcla rara, la típica morena de Latinoamérica, pero para las personas de color soy blanca y para los blancos soy morena, de ojos claros y pelo café, siempre he cuidado mi apariencia, no parezco de 58 años, en realidad soy de esas mujeres sin edad, tengo clase y una sólida autoestima, soy una persona fuerte, segura y para muchos un poco ácida y casi casi asocial. No le tengo paciencia a las estupideces y mediocridades humanas y no, no me creo superior; apenas puedo lidiar con las mías.

La mujer que él vio, fue alguien agradable a la vista, joven madura, bien cuidada, pero con la mirada firme y directa.

Me saludó con un apretón de manos, no con un beso, como estamos acostumbrados los latinos. Nos sentamos frente a frente, cada uno con un café en la mano.

El vestía un blue jean con una polera polo con rayas horizontales, un hombre alto, yo mido 1,70 m., él mide 1,95 m., atlético, la verdad, muy bien apuesto.

Para sus 65 años, no estaba nada mal, "estaba muy bien", además se lo veía íntegro.

Cuando vi su edad en el sitio, esperaba conocer a un "viejo panzón", pero no, el hombre estaba muy bien.

Así que, apariencia, aprobado, integridad y salud, aprobado.

La conversación empezó con una presentación un poco fría, como si fuera de trabajo, no pude ver nerviosismo en él y yo, más que nerviosa estaba a la defensiva, tratando de encontrar algún indicio de "Bichudez" (haciendo referencia a las características de los bichos que había conocido antes).

Los primeros minutos fueron de evaluación, un análisis, ver si podíamos confiar el uno con el otro.

Yo me presenté con mi nombre, mi edad, mis dos hijos, seguido de una frase que había practicado por días:

- Solo aceptaré una relación con alguien que tenga la capacidad de compromiso que sea seria y con perspectivas, si estas: buscando una aventura, compañía para pasarla bien o sexo gratis, aquí no es.

El me respondió:

- Tengo 65 años, he estado casado por 39 años, estoy viudo hace 3 años, soy un hombre de familia, estoy esperando conocer a la mujer con quien pueda compartir lo que me queda de vida.

¡Aprobado!, ¡buen discurso!

Obviamente me gustó escuchar esas palabras, mi sonrisa apareció, la verdadera, porque las de antes habían sido de una coquetería defensiva.

También me gustaron sus manos y sus ojos.

Todo esto que les cuento, yo con mi medio inglés y mi google translator y él con su inglés americano lleno de modismos que no entendía.

Hablamos de todo lo necesario para conocernos, compartir información, poco a poco fuimos entrando en confianza y nos fuimos relajando.

En las cuatro horas, no terminamos el café y tampoco pedimos algo más. Yo moría de hambre y frío, en Florida todos los restaurantes son como refrigeradores, pero la charla estaba buena. Cuando conoces alguien con una cultura tan diferente, no sabes cómo serás interpretada y también debes tener cuidado en cómo interpretas al otro.

Pude ver en él una buena persona, con el alma sana, profesor de colegio por más de 38 años y entrenador deportivo por 40 años, a punto de jubilarse, pero con un espíritu joven y sobre todo con muchísima esperanza.

Hice muchísimas preguntas, tipo un psicoanálisis y yo me encargué de mostrar mis habilidades, talentos y sobre todo mostrarme tal cual soy con mis anhelos, defectos. Soy muy clara y directa con lo que quiero, pero sobre todo tengo claro lo que no quiero.

Ya cerca de las cuatro horas, me dijo:

- Ahora no quiero una segunda reunión, quiero una cita contigo, un "date".

Esto era un martes y quedamos para el jueves de la misma semana, ir a cenar a la playa tipo seis de la tarde.

Llegué a casa, seguida de mi cuñada, mi cómplice y mi mejor amiga.

Le comenté que todo había ido bien, que era una buena persona y que me gustaba, sobre todo me gustaba su alma y le comenté que ya teníamos una cita el jueves, ella me dijo:

- ¿Pero sabes lo que significa una cita aquí en Estados Unidos?, eso significa que le interesas para su pareja y que quizás te lleve a la cama esa misma noche.

Le respondí:

- Eso, si es que yo quiero, no he venido aquí a meterme a la cama de cualquiera.

Obviamente, ya lo habíamos investigado totalmente, su dirección, dónde trabajaba y todo coincidía perfectamente con lo que él me había dicho, así que verificado que él era quien decía ser y estando seguras de que no era alguien peligroso, pasamos al siguiente paso el "date", la cita.

Esta vez él pasó a buscarme, llegó puntual, oliendo a un buen perfume y con una rosa en la mano, aún era de día y pude ver nuevamente sus ojos, tenía una mirada limpia y transparente, al subir a su auto pude verlo totalmente limpio, oliendo bien, es que todo comunica ¿no es así? Esta vez me saludó con un beso en la mejilla. La distancia entre mi casa y la playa eran como 30 minutos, empezamos la charla con una conversación rutinaria, como si nos conociéramos de toda la vida, yo le pregunté "¿qué tal tu día?", él me contó de su colegio, de sus alumnos, de lo que enseñaba, de sus metodologías, esta vez él hablo la mayor parte del tiempo, es un buen conversador; yo seguía indagando, preguntando, obviamente yo también entregaba información.

Cuando uno es adolescente o está en los 20 años, las preguntas son, ¿en qué colegio o universidad estudias?, hablas de tus padres, hermanos, pero a tus 50 o 60 años hablas de la vida y sobre todo de cómo piensas usar los últimos años que te quedan de vida. Así es, son los últimos años, no hay más tiempo, y tampoco es para perderlos.

Me había arreglado para una cita, hacía mucho que no tenía una cita, mucho menos en otro país y con alguien que no hablaba mi idioma. Llegamos a la playa y entramos a un restaurant bonito, pero "en la playa", es decir, con todas las ventanas abiertas. Ese día hacía un fuerte viento, por lo que mi cepillado en el cabello no sirvió para nada, me la pasé peleando con mi pelo y pensando en que mi maquillaje ya no servía para nada, así que agarré mi pelo en una cola y pues nada, a olvidarme del viento y de la incomodidad y centrarme en seguir leyendo al hombre.

Él todo un caballero, me abrió la puerta para subir al auto y también me abrió la puerta para bajar del mismo, un hombre lleno de detalles. Yo dentro mío me decía:

- No te enamores Elena, él está muy bien, pero calma, apenas lo estás conociendo, todos empiezan así.

Ya en el restaurant, pedimos algo simple y para tomar yo pedí agua, él una cerveza, yo ni loca tomaría alcohol, primero que no tomo alcohol y segundo no me arriesgaría a nada.

Me di cuenta que yo estaba a la defensiva, como esperando un ataque, mirando por todos lados por dónde saltaba el monstruo, tratando de mirar qué escondía, y dentro mío escuché una voz:

- Date una oportunidad, confía.

No sé si fue Dios o mis anhelos escondidos de por fin haber encontrado a la persona correcta.

Bajé mis armas y lo seguí escuchando. El hombre hablaba, hablaba y hablaba, yo escuchaba, miraba, analizaba, preguntaba. Entonces él me dijo:

- Eres una persona especial y misteriosa.

Yo no respondí, pero dentro mío pensaba:

- ¿Misteriosa? – pues, seguiremos así.

Cuando terminamos de cenar, yo apenas toqué la cena, me preguntó si quería caminar por la alameda o malecón de la playa, yo obviamente dije que sí.

Como buena latina, estaba con una sandalia de tacones, "error", caminar en la playa con tacones es algo que nadie debería hacerlo, pero la coquetería era mayor, caminamos un buen rato, pero yo ya no daba más, así que le dije:

- Mira tengo estos tacones, no estoy acostumbrada a la playa así que tengo que sacarme estos zapatos.

Me senté en una de las veredas, y él se sentó conmigo, juntito a mí, mejor dicho, muy cerca de mí, ya se había hecho de noche, el viento seguía intenso y ahora frío, imagínense, de tacones con una blusita sin mangas y no había llevado nada para abrigarme, la verdad estaba sufriendo de frío y con los pies que ya no daban más, la situación no era nada romántica. Él se sentó juntito a mí, me abrazó y me dijo:

- ¡Tienes frío!

Me abrazó, y pude sentir su inmensa energía, me sentí protegida.

Estábamos sentados en la acera, yo sin zapatos y el abrazándome, no sabía cómo sentirme, estaba incómoda, pero a la vez, sentía tranquilidad, me sentía segura, estaba muy cómoda en ese abrazo. Se acercó un poquito más para darme un beso en la boca, fue un beso inocente, de esos que le damos a nuestros hijos, en mi ciudad decimos "un piquito". Yo pensaba para mí misma:

- Tímido el hombre o quizás no sabe besar.

Acostumbrada a los salvajes de mi historia, su delicadeza y caballerosidad no sabía cómo interpretarla.

Nos levantamos de la acera y como ya era tarde, le dije que ya me quería ir a mi casa, fuimos al auto y nuevamente intentó besarme, así que esta vez, yo lo besé, pero un beso de verdad. El hombre me gustaba, pero sobre todo me gustaba la paz, familiaridad y tranquilidad que me transmitía, así que nos daríamos una oportunidad. Él me dijo:

- Este es un beso de verdad.

Encontrar un hombre de 65 años, con el alma limpia y sano emocionalmente, solo podría ser un regalo del cielo, hasta dónde había visto, casi, casi era un inexperto en esto de conquistar.

Él había estado casado por 39 años, estaba viudo hacía 3 años, y los últimos dos había tenido una enamorada. Yo le pregunté a Dios:

- ¿Me has tenido guardado este hombre todo este tiempo? ¿Este es el correcto?

Yo misma me contesté, veremos qué pasa.

No era mi prioridad, pero la verdad que deseaba que él fuera el correcto.

Camino a casa, seguimos hablando como si nada, pero dentro mío tenía miles de preguntas, y sobre todo estaba esperando ver cómo él reaccionaría, cuándo nos veríamos de nuevo. Podía leer que era un buen ser humano, pero no podía leer exactamente su interés, o el grado de su interés.

Llegamos a casa y nos despedimos con un beso, yo me apresuré a bajarme y me dijo:

- Espera que te abra la puerta.

Mi yo autosuficiente, me dijo:

- Compórtate mujer.

Me acompañó hasta la puerta de la casa de mi hermano y en el camino me dijo:

- ¿Está bien que te pase a buscar mañana a las 5?

Okey, buen síntoma, el hombre quiere verme mañana, parece que si está interesado. Yo le respondí con mi más controlada reacción:

- Claro que sí.

Al llegar a casa, mi cuñada me esperaba, ella estaba más emocionada que yo, con esta experiencia.

Mientras tanto mis clases y mi trabajo seguían en proceso de adaptarse a este nuevo mundo, llevaba apenas dos semanas en Estados Unidos, no había terminado de aterrizar y todo era una gran revolución en mi mente.

Migrar es cambiar de piel, duele, deprime, te sientes perdida, sientes que nada de lo que has hecho antes vale para esta nueva vida, sin embargo, tenía una promesa de Dios y solo me enfocaba en ella.

En la mañana siguiente, es decir el viernes, recibí una llamada telefónica, era él, me gustó recibirla, me llamó para decirme que estaba pensando en mí, "qué bonito".

Me pasó a buscar a las 5 y fuimos a comer unas pizzas y ahora yo pedí una copa de vino, sí, el hombre estaba interesado como parecía, entonces le pondríamos algo de romance. Parecía que nos hubiéramos conocido de siempre, nuestras charlas eran muy normales, muy cotidianas, ambos nos sentíamos muy a gusto.

Esa noche fue especial, sucedieron más besos, más agarraditas de mano, éramos dos adultos de 58 y 65 años, siendo adolescentes nuevamente y nos estábamos tomando nuestro tiempo.

Yo seguía atenta a ver dónde podía encontrar un milímetro de incoherencia, un vislumbro de irresponsabilidad, un rasgo de los hombres que había conocido antes, ninguno, no encontraba ninguno.

Esa noche me dijo que le gustaría que pasemos el fin de semana juntos, ¡Qué! dije para mí misma, ¿y ahora qué?, ¿me hago la difícil?, no, no le tengo paciencia para la conquista, así que le respondí:

- Mira, y disculpa si lo que te diré es demasiado directo o crudo, pero si pasamos un fin de semana juntos, no sé cómo debo interpretar, hemos salido, nos hemos besado, abrazado, pero ¿qué somos? en mi cultura acostumbramos a explicar nuestro interés específico por la otra persona, por lo menos en mi generación nos decimos ¿Quieres ser mi enamorada?, significa que asumes un compromiso de conocerse el uno con el otro para ver si es posible una relación a largo plazo. "Quiero salir contigo", significa "la paso bien con vos, no quiero compromiso, pero quiero seguir viéndote", todo lo demás es cualquier cosa. Sé que es muy temprano, pero te digo, si esto será un revolcón más para vos, es mejor que no, no quisiera pasar por esa experiencia, así que mejor lo dejamos ahí.

Él me tomó de las manos y me dijo:

- Me gustas mucho, ¿quieres ser mi enamorada?

Bueno pues ante eso ya me quedé sin argumentos, así que me arriesgué a compartir el fin de semana juntos.

Con mi cuñada diseñamos un plan de emergencia ante cualquier cosa, siempre estaría con el GPS encendido y con los teléfonos de emergencia en mano y en mi celular, copia de pasaporte y documento de identidad, jamás los originales. ¿Será que somos exageradas? no, no lo somos.

Fuimos a Los Cayos de la Florida, no existe mejor prueba para dos personas, que pasar cuatro horas encerrados en un auto y dos días enteros conviviendo. Mucho riesgo hacerlo con alguien que acabas de conocer en apenas cinco días, de otra cultura, con distintos idiomas y sobre todo, con tantos años encima. Generalmente cuando superas los cuarenta años es poca la paciencia a las cosas que no quieres, imagínense a mis 58 años y él a sus 65 años. Bueno, sobrevivimos, la pasamos bonito, descubrimos que somos muy buenos conversadores y que podemos ser muy buenos amigos, ni él ni yo tomamos alcohol, tampoco fumamos, fueron dos días de un conocimiento mutuo, pensaría que fuimos a algún boliche, a bailar o algo similar, sin embargo, no fue así, era un ganarle tiempo al tiempo.

El resultado del fin de semana fue que confirmamos que queríamos iniciar una relación y si funcionaba hablaríamos de los siguientes pasos.

Él me dijo que quería conocer a mi familia, así que al volver lo presenté con mi hermano, mi cuñada y mis sobrinos, todos en shock, era demasiado pronto para tanta formalidad, pero era necesaria, porque, así como yo era formal, él también lo era.

Toda mi familia quedó encantada con él, yo también obviamente, sin embargo, dentro mío siempre con mi escudo de protección, esperando a ver por dónde venía el siguiente golpe.

Él me llamaba todos los días en la mañana y venía a casa por la tarde, empecé a quedarme los fines de semana en su casa. En dos semanas ya habíamos construido una rutina y una profunda relación, yo era parte de su vida y él de la mía. Él es un hombre de familia con cinco hijos y muchos nietos, empezó a llevarme con sus hijos y en esas dos semanas nos convertimos en una pareja formal y oficial.

Puntualizo los 15 días, porque fue cuando me dijo:

- "Debemos empezar a pensar en vivir juntos". Y yo inmediatamente le respondí:
- Yo tengo un conflicto ético y de principios con ese tema, primero soy cristiana y segundo no creo en eso de vivir juntos, vivir juntos es una

relación sin compromisos, es una relación con privilegios de matrimonio sin compromiso ni reconocimiento". Yo busco una relación de compromiso alguien a quien pueda representar y eso se hace a través del matrimonio. El matrimonio es un acto de reconocimiento y responsabilidad. Cuando "vives con alguien", sin el pacto legal y espiritual del matrimonio, es como hipotecar tu futuro si tener cómo pagar la hipoteca, técnicamente es perder tiempo y plata.

Continué:

- Mira yo no voy a estar viviendo con diferentes hombres hasta encontrar al indicado. Creo que vos y yo podemos tener una buena vida, no por cómo nos llevamos o cómo nos entendemos, sino porque los dos queremos que esto suceda, porque tenemos la voluntad y porque tenemos la capacidad de compromiso. Prefiero que nos tomemos un tiempo para ver si esto es real y si lo es, yo me quiero casar; no te estoy diciendo que me quiero casar contigo, te estoy diciendo que no me iré a vivir con nadie si no estoy casada, entiendo que en tu cultura piensen de esta manera y sea algo normal, pero en mi vida y en la cultura de mi universo no lo es, por lo que no lo acepto, así que es mejor esto lo dejemos aquí, ha sido bonito e insisto; creo que podemos ser una pareja maravillosa, pero tenemos distinta cultura y forma de vida, así que hasta aquí llegamos.

Él con su paciencia infinita, me tomó de las manos y me dijo:

- Yo estaba pensando que no querías matrimonio, creía que las latinas no les gusta la formalidad.

¡Ay! Ahí saqué mis garras, mis dientes y con una fría calma le dije:

- Mira, vos y yo hemos generalizado en relación a nuestras culturas, sin embargo, te pido no me etiquetes como latina, o como mujer, o con mi edad, simplemente no me etiquetes, soy un ser humano que piensa, soy una mente, soy un espíritu y eso es lo que me define. No sé si podré hacer esto, la verdad que no sé, mi alma es demasiado libre, creo que la vida es más bonita si la compartes, pero en libertad de pensamiento y en libertad de identidad.

La conversación iba de mal en peor, yo atacando, defendiéndome y escapando, ya no quería nada.

La verdad que estaba aterrorizada, el hombre me gustaba, era perfecto para mí y yo para él, pero abrir mi corazón era demasiado riesgo.

Así que le dije:

- Mira, sigamos hablando mañana, en este momento solo me estoy defendiendo y escapando y entiendo que no es tu intención o no lo sé, no me siento segura en esta historia.

Entonces él me dijo:

- Yo estaré siempre para ti, prometo cuidarte, protegerte, yo estoy de tu lado, el enemigo no soy yo, por favor cásate conmigo.

No pues, así no se puede, me quedé sin armas, si antes estaba aterrorizada, ahora inclusive sin saber cómo reaccionar. Me quedé callada y le dije:

- Sigamos hablando mañana por favor, le di un beso de despedida y bajé del auto.

Entré a casa, gracias a Dios no había nadie y rompí en llanto, no sabía de donde salían tantas lágrimas, un llanto tan desgarrador, no entendía lo que sentía, no me entendía, no encontraba por dónde controlar mis sentimientos.

Por un lado, por fin había encontrado a un hombre íntegro, racional, emocional y espiritualmente todo apuntaba a que él era el indicado, mi familia estaba enamorada de él y su familia de mí, entonces todo estaba bien.

- ¿Qué era lo que faltaba? ¿que yo me atreva?

    ¿Que supere mis miedos? ¿confiar?

Estaba tan cansada emocionalmente que no supe en que rato me dormí, cuando desperté, en mi mente vino un mensaje:

- Tanto que me has pedido y ahora ¿no lo crees?

¡Hay que difícil! La verdad que esto de compartir tu vida y esto del amor creo que es una actividad de alto riesgo.

En la tarde cuando vino a verme, como cada tarde, le dije:

- Mira, estoy muy asustada, esto me da miedo, la verdad estoy aterrada, sí me quiero casar, pero quiero que nos tomemos el tiempo que sea necesario para confirmar si es que somos el uno para el otro, aún es demasiado pronto, no es ni un mes.

Él me dijo:

- Yo siento que ya te amo y yo no tengo ninguna duda, pero tienes razón, es demasiado pronto, esperemos y cuando los dos sintamos que es el momento, damos el siguiente paso.

Me pareció algo razonable, yo también sentía que lo amaba, pero era demasiado pronto, ese sentimiento era de todo, emoción, esperanza, no lo sé, cualquier cosa menos amor.

Me puse como plazo mínimo tres meses y máximo seis, creo que es el tiempo suficiente para conocer a una persona y conocerse a uno mismo en esa relación. Si superas los dos meses sin algo concreto, es pérdida de tiempo, a no ser que tu objetivo sea usar a esa persona para acompañarte a pasar el tiempo o vos dejarte usar como pasatiempo.

Con todo claro y los dos estando de acuerdo, seguimos avanzando, al mes los dos estábamos totalmente enamorados y entregados a la relación. Decidimos que no necesitábamos esperar más tiempo, pusimos fecha de casarnos al siguiente mes, técnicamente nos casaríamos a los dos meses y medio.

A todo esto, los testigos silenciosos y nerviosos eran mis hijos, ellos son mis mayores confidentes, mis mejores consejeros, mis aliados eternos y mis cómplices más secretos. A las primeras personas a quienes conté fueron a mis hijos, además de mi cuñada obviamente.

Cuando les dije que habíamos decidido casarnos, mi hijo mayor con su manera de decir las cosas tan respetuosas me dijo que era una irresponsabilidad y un gran riesgo, el menor le respondió:

- Pero ya son viejos, quien sabe se mueran en unos años, ya no tienen tiempo.

Mi hijo mayor es todo espíritu y mi hijo menor es todo mente, son hermosos, mis muchachos son unos hermosos seres humanos.

Mike, así se llama él, pidió mi mano a mi hermano, es mi hermanito menor, pero como somos tan formales y como yo estaba viviendo bajo la responsabilidad de mi hermano, él quiso seguir esta formalidad.

Con esto, se los terminó de ganar, todos aman a Mike.

Capítulo 23
"El matrimonio"
Renaciendo al amor

" El amor es el deseo de encontrar a la mitad perdida de nosotros mismos".
(Milan Kundera)

Tenía 58 años y me estaba casando por segunda vez, después de haber estado divorciada por 20 años y haber pasado 'por todas estas historias que he querido compartir con ustedes.

Decidimos casarnos primero por lo civil, los invitados eran mi cuñada, él y yo, sin mayores protocolos, como ya estábamos casados, entonces ya podíamos vivir juntos.

Tomé las mismas dos maletas con las que llegué, mi mochila con mi máquina, junto con todos mis miedos y esperanzas, pero con la mente enfocada en mis proyectos, me repetía:

- Nada de lo que suceda de aquí en adelante deben desenfocarte de tus objetivos, todo lo que suceda es para bien.

Su departamento era una especie de hogar improvisado, con diferentes estilos de muebles. Cuando enviudó vendió su casa y compró un pequeño departamento, donde llevó lo necesario, se podía ver claramente que esos muebles no eran para un departamento, eran parte de una casa naufragada, era parte de su vida anterior, había quedado viudo, viviendo solo y a punto de jubilarse.

Creo que Dios ha sido bueno con nosotros dos, nos hemos encontrado en el momento justo y perfecto para darle sentido a una nueva relación.

Llevamos un año y medio casados, y cada día confirmamos que recibimos un regalo de Dios, él es uno de los mejores seres humanos que he conocido y siguiendo la lógica de que "uno atrae lo que tiene dentro", debo entender y aceptar que he logrado una importante superación de mí misma, a los traumas de mi niñez y sobre todo que estoy lista para seguir avanzando.

Los primeros meses yo no sabía cómo sentirme, durante 20 años viví sola, sin tener que compartir nada con nadie, ninguna decisión, ningún comentario, y toda mi vida siendo yo la cabeza de hogar.

Para que un matrimonio funcione se necesita mucha voluntad de ambas partes.

Este libro lo empecé hace como cinco años, como una especie de terapia para que a través de escribir pueda entender todo lo que había vivido, no tenía la intención de publicarlo, y tampoco sabía cómo terminaría, pero como todo es un proceso de transformación, creo que este libro me ayudó a transitar esta transformación.

Mis hombres después del divorcio son mis hijos y mi hermano, mis hombrecitos, mis muchachos, soy mayor que mi hermano con 10 años, también lo siento como mi hijo.

Yo elegí ser madre antes que mujer o antes que persona en crisis. Siempre he escuchado que en la pareja uno debe pensar primero en la pareja y sí, eso funciona cuando es una pareja equilibrada y como en teoría debería ser, sin embargo, una madre siempre elegirá a sus hijos por encima de un hombre violento o de un hombre que abandona. En mi caso, como mujer divorciada, entendí que nunca más sería una mujer sola, yo vengo con dos personas más, y aunque mis hijos ya son mayores, independientes, están muy bien, una de las cosas que le dije a mi actual esposo es:

- Si algo sucediera con mis hijos, yo debo estar con ellos.

Los hijos nunca se van, se irán físicamente, pero lo que hagas como madre o padre, lo bueno o malo que hagas, les seguirá impactando a ellos y a tus nietos también. Generalmente los hijos se van físicamente, pero jamás emocionalmente, quedarán ligados ya sea por el enojo o la frustración o por el amor y el agradecimiento.

Creo que el mayor éxito de una persona es que en sus años altos, en su vejez tenga la paz y tranquilidad de que sus hijos estarán volando solos y no serán una carga para ti, y tú no serás una carga para ellos, esa es la verdadera libertad.

Cuidar la sanidad de tu tribu, la sanidad de tu clan.

Creo que hasta aquí lo he logrado, estoy en paz.

Cuando empecé a escribir este libro, estaba perdida, cada letra de este libro es una puntada del tejido de mis alas que ahora me ayudan a volar, lo empecé como Elena Hurtado Domínguez y lo termino además como Elena Moss.

No sé cómo escribir un libro, tampoco sé cómo terminarlo, solo estoy poniendo en este papel, mis sentimientos, mis pensamientos, mi experiencia y la visión que tengo en la vida, espero que estas historias te ayuden en tu vida así como lo ha hecho con la mía.

Yo seguiré escribiendo, he encontrado mi propósito y también me he encontrado.

Gracias por ser parte de esta historia que se sigue escribiendo.

Elena Moss

www.ingramcontent.com/pod-product-compliance
Lightning Source LLC
Chambersburg PA
CBHW061800070526
44586CB00023B/2642